VALEGRO
ヴァレグロ
~オリンピック金メダルホースの軌跡~

カールとヴァレグロ。自宅にて。

VALEGRO
ヴァレグロ

~オリンピック金メダルホースの軌跡~

CARL HESTER

翻訳：千本木 倫子

2014年スヘルトーヘンボスのKWPNスタリオンショーにて。ヴァレグロは2013年KWPNホース・オブ・ザ・イヤーのタイトルを獲得した。

コンセプト：クレア・ヘスター（Claire Hester）

共同著者：バーナデット・ヒューイット
(Bernadette Hewitt)

リードフォトグラファー：ジョン・ストラウド
(Jon Stroud)

原著編集者：ポール・フォーティ
(Paul Forty)

カバーデザイン：スティーブ・パントン
(Steve Panton)

テキストデザイン：スーザン・パグスリー
(Susan Pugsley)

写真リサーチ：パトリック・タイラー
(Patrick Taylor)

※本書に記載のカタカナ人名表記は基本的に英語読みを基準としている。そのため一部の言語の人名（および馬名）表記が一般とは異なる場合がある。

目次

9	まえがき	ザーラ・フィリップス（ZARA PHILLIPS）
10	1章	スポットライトを浴びて
26	2章	小さな始まり
36	3章	快進撃の始まり
50	4章	そしてロンドンへ
80	5章	全力投球
94	6章	金メダルの余韻
114	7章	続きはお楽しみに
151		ヴァレグロの主な大会成績

2012年ロンドンオリンピックにて：悲願の団体金メダルを獲得したカールとユートピア号、シャーロットとヴァレグロ号のウィニングラン。

まえがき

　私は、ヴァレグロがグランプリ競技に出始めた2011年頃から、この稀有な馬に注目していました。グロスタシャーのカールの自宅厩舎にてレッスンを受ける際には、ヴァレグロとカール、シャーロットの素晴らしいチームワークでの練習を頻繁に見学できました。

　私は総合馬術のワールドチャンピオンでもあるので、ワールドクラスの馬を作るために必要なことはよく知っています。私の馬、トイタウン（Toytown）号も心の大きな一頭でした。彼は私にとって特別な馬で、一生忘れられない思い出がたくさんあります。もちろん、どんな馬術競技でも、ワールドチャンピオンになるには、肉体的にも精神的にも、優れた馬が必要です。自宅厩舎でのカールとシャーロットによる、ヴァレグロのトレーニングの様子をみれば、ヴァレグロには優れた頭脳と、トレーニングを楽しむ心があり、さらには優れた運動能力と強靭な体格が加わり、他に類を見ないドレッサージュチャンピオンになったことが分かります。

　カールに本書のまえがきを依頼された時、私はとても嬉しく、名誉に感じました。ヴァレグロを称えることは、簡単でもありました。この素晴らしい馬は、私を含めた無数のファンの心をしっかりと捉え、想像力を掻き立て、そして、どの分野においても通じる、頂点に立つのに必要な努力と献身を再認識させてくれました。

　ヴァレグロに係わったたくさんの人たちが集まり、多くの見事な写真といっしょに、ヴァレグロの半生を記録に残せるのは、とても素晴らしいことだと思います。ヴァレグロのようなチャンピオンが、かつて、そしてこの先も存在するかは分かりません。でも、なによりも素晴らしいことは、この栄光に包まれながらも素朴な馬が、イギリスを代表しているということです。ヴァレグロは、イギリス・ドレッサージュ・チームと、馬を愛するイギリス国民と、世界中のファンがとても誇りに思っている馬だと思います。

ザーラ・フィリップス
Zara Phillips MBE

1 スポットライトを浴びて

フリースタイルの世界記録を再び更新した
2014年ロンドン・オリンピア・ホースショーでのウィニングラン。

ブルーベリー。「ブルーブス」。ザ・プロフェッサー。ヴァレグロ（Valegro）号は、愛情をこめて、いろいろな名前で呼ばれています。ドレッサージュのすべての世界記録を持つ驚くべき馬は、他の馬の記録を破っただけではなく、自らの記録をも塗り替え、前人未踏の記録をどんどん打ち立てています。ライダーのシャーロット・デュジャルダン（Charlotte Dujardin）、共同オーナー／トレーナーのカール・ヘスター（Carl Hester）とともに、限りなく「パーフェクト」に近づいたドレッサージュホースです。13歳にしてオリンピック、ヨーロッパ選手権、世界選手権、ワールドカップで優勝したこの馬は、イギリス国内だけなく、世界中の人びとを虜にしました。その名はヴァレグロ。そして、これは彼の物語です。

この本の執筆時点（2015年）では、わずか11組の人馬しか、グランプリレベルでスコア80パーセントに到達していません。最初は2006年、オランダのアンキー・ファン・グルンスヴェン（Anky van Grunsven）とサリネロ（Salinero）号です。ヴァレグロとシャーロットは、2014年4月に自ら打ち立てたリーム・アクラ（Reem Acra）FEI（国際馬術連盟）ワールドカップファイナルでの世界記録のスコアを、同年暮れのオリンピアで、0.331パーセントも上回る87.460パーセントで更新しました。

でも、この記録はほんの始まりにすぎませんでした。2015年には、フリースタイルで、次点のエドワード・ガル（Edward Gal）とグロックス・アンダーカバー（Glock's Undercover）号から10ポイントの差をつけた94.196パーセントをたたき出し、ワールドカップ防衛に成功します。このファイナルは、ショージャンピングのファイナルと合わせて、ラスベガスで開催され、馬の輸送などは一大プロジェクトでした。

2012年ハーゲンにて。ヴァレグロの記念碑的勝利後、厩舎に戻るチーム。

上：自宅では、
ブルーベリーと呼ばれている。

左：または、
「ザ・プロフェッサー」とも。

スキポール空港からラスベガスへのフライトに乗り込む前のアランとヴァレグロ。旅が大好き。

アラン・デイビス（Alan Davies）はヴァレグロ担当のスーパーグルーム。最近は、大会でのTVインタビューなどで、アランもいっしょにと依頼されることがほとんど。

　ブルーベリーとの出会いは、彼のグランプリ競技デビューのために、南フランスのヴィドーバンへ帯同した時でした。その２週間に、彼は４つのクラスで優勝したのです。もう５年も前の話です。ヴァレグロは、複雑じゃないし、非常にフレンドリーなのです。僕の仕事としてはかなり楽をさせてくれるので、今も昔も、彼のグルームにつくのは大好きです。

　彼のステーブルネームがブルーベリーというのは、彼と同じ時期に厩舎に来た幼駒たちが、みなフルーツや野菜にちなんだステーブルネームが付けられているからです。ブルーベリーという名前になってよかった。他にはトマトやパースニップ（訳者注：白ニンジン）と名づけられた馬もいるんですよ。

　彼は食べることが大好きで、特に乾草が大好物。すぐに太ってしまうので、制限していますが。彼は、よく他の馬が別のヘイレージ（注：発酵乾草飼料）をもらっているのを見ると、自分も、ダイエット用のヘイレージじゃなくて、そっちがいいと要求してきます。さらに、彼はヘイレージをバケツの水につけて、「ヘイレージ茶」を作るのが好きなので、僕は自動給水機があっても、必ずバケツの水を用意してあげています。

　彼は、ルーチンが好きで、まず乗り運動をしてから、そのあと放牧されるのを楽しみにしています。午後はお昼寝して過ごすのが好きです。彼は、他の馬にはあまり興味がありませんが、ユートピア（Uthopia）号といっしょに輸送されるのが好きですね。ユートピアは大人しく、静かで、彼に乾草を分けてくれるからでしょう。ヴァレグロは、くすぐったがりやですし、毛刈りされるのが嫌いです。

　ヴァレグロの乗り心地は大変良く、とても安心して乗っていられる馬です。耳は常に前を向いており、パワフルで、前進気勢を感じますが、決してコントロールが効かなくなっている感じはしません。そして、彼は外乗が大好きです。僕は、シャーロットとカールが馬場でトレーニングをする前に、彼で毎朝外乗をしています。彼は、隣の農場で何が起こっているのかチェックするのが好きですし、特に、子牛がいる時などは、よく止まって牛を眺めています。聞き上手なので、僕はいつも彼といろいろ話しています。どんなつまらない日を送っていても、ヴァレグロがいつでも最後には元気にしてくれるのです。

　ヴァレグロを人間に例えるのであれば、大きくて力持ち、筋肉質な肉体を持ちながらも、優しく、話し方も穏やかで、素敵な笑顔のラグビー選手のベン・コーエン（Ben Cohen／注：元イングランド代表ラグビー選手）ですね。

　彼は旅慣れた馬です。道中食むことができるヘイネット（注：乾草などを入れるネット）が大好きですし、新しい場所に行くのも大好きみたい。ただし、フランスのあるところを除いて。ある時、大会参加のための移動中に、ディジョン近くで１泊することになりました。そこの馬房は、あまり大きくもなく、それに綺麗でもなかったのです。ヴァレグロを馬房に入れたところ、ここには泊まらんと言わんばかりに、そのまま私を引きずって外に出てしまったことがあります。

　彼は、季節ごとに毛色が変ります。夏の間は、少しだけ栗毛が混じったような青毛。冬場は、毛刈りされているせいもあり、シルバーがかった青毛になります。

　彼が、特にやってはいけないことをした記憶はありません――私からみれば、なんでも間違いではないんです！

14 | ヴァレグロ 〜オリンピック金メダルホースの軌跡〜

上：2013年ヘアニング（デンマーク）のヨーロッパ選手権にて。アランにキス！

下：現役ワールドカップチャンピオン馬のヴァレグロとコーネット・ダモーア（訳注：執筆時）。

　さあ、次はヨーロッパからワールドカップへ参加する馬たちが、オランダのスキポール空港から、ネバダへ向かって飛び立ったカタール航空の話をしましょう。2015年4月11日土曜日のことです。26頭のショージャンパーと14頭のドレッサージュホースを積んだ貨物の価格総額は、1億5千万ユーロと言われています。もちろん、ヴァレグロも含めてです（そのうち、何パーセントがヴァレグロの価値なのか？それは、誰にも分りません。なぜなら、共同オーナーのカール、ロウエナ・ルアード（Rowena Luard）、アン・バロット（Anne Barrott）は彼を手放す気はないからです。彼は値段をつけることができない、プライスレスな馬なのです）。この11時間20分のフライトには、馬たちの他に、11個のパレットに分けられた12,000キロもの機材、ヴァレグロの輸送の際には常に帯同するアラン・デイビスを含めた10名のグルーム、そしてオランダ人の獣医ヤン・ヘイン・スウェジメーカー（Jan-Hein Swagemakers）もいっしょでした。

　この時の搭乗の様子はニュースやTVが取材に訪れ、（ラスベガスの到着の際もそうでしたが）その時点での、ジャンピングのワールドカップ王者、スイスのダニエル・ドイサー（Daniel Duesser）のコーネット・ダモーア（Cornet D'Amour）号と写真撮影をしたのち、ヴァレグロは機内に積み込まれました。

　この時、スペインのモーガン・バーバンソン＝メスター（Morgan Barbançon Mestre）のペインティッド・ブラック（Painted Black）号と相部屋でした。この旅はボーイング777貨物機をつかった「ビジネスクラス」の旅でした。ダブルトレーラーのように見えるエクストラサイズのクレートに2頭ずつしか載せず、レッグルームは充分すぎるほどあり、各馬の要求や必要事項のすべてに対応していました。「乾草は、そのままでお召し上がりですか？水でお濡らししましょうか？」「そのお水に、少し海塩をお足ししましょうか？」という感じです。ヴァレグロは、自分で乾草を水に漬けてから食べるのが好きで、他の馬たちも、道中たくさんのニンジンとリンゴにありつきました。このオペレーションを指揮した会社のティム・デュッタ（Tim Dutta）は「馬は私たちと何ら変わりません」と言っています。「離陸前に眠ってしまって、そのまま全行程寝て過ごす馬や、離陸した途端、緊張して、着陸するまで一度もリラックスしない馬もいます。でも、ほとんどの馬が旅慣れたCEOのようにして過ごします。皆、何回も飛んでいるので、おのおの好きなように過ごしているのです。」ヴァレグロも、そんなCEOの1人なのです。

スポットライトを浴びて | 15

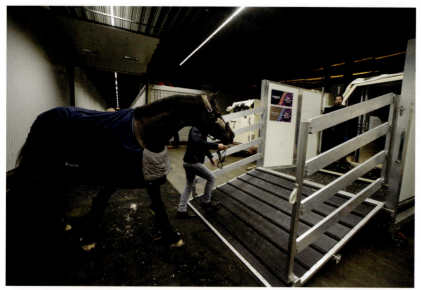

左上：ラスベガスへのフライトに搭乗開始。

左中：大事な「貨物」のそばには、常にアランがいる。

左下：ビジネスクラスのお客様が積み込まれる。

ラスベガスのトーマス&マックアリーナでの
トレーニング――何千もの観衆が見守る。

　すべての機材を通関させ、馬の健康検査とパスポート検査を済まし、さらに血液検査の結果を待つための2日間の検疫期間がありました。検疫期間中、アランは、他のグルームと同様、白のオーバーオールを着用しなくてはなりませんでした。まるで病院内のように見えましたが、それでも、ヴァレグロのそばに行くことができ（検疫期間中はグルームが必ずしもそばに行けるとは限らない）、おかげで何事もスムーズに行きました。シャーロットは、ヴァレグロから2日遅れた月曜日に飛び、翌日には、ラスベガスのトーマス&マックアリーナで最初の運動を行いました。このアリーナは、普段はバスケットボールやボクシングの試合などを行っているアリーナで、円形でしたが、今回はなかなか良い馬場アリーナがその中に設置されていました。シャーロットは笑いながら、こう言いました。「巨大なランジペン（調馬索用の円馬場）みたいね！（ロンドンの）オリンピアより大きいって聞いたけど、そんな感じはしないわね。周りの席がずいぶん高いところにあるからかしら。どうやって7人ものジャッジを配置するのかしら？」

　試合前のスクーリング（練習）セッションには、何千もの観客が訪れ、どの人馬にも拍手を送っていました。各ライダーは2組ずつでセッションをし、ヴァレグロとシャーロットは、エル・サント（El Santo）号と、もう1人のワールドカップチャンピオン、ドイツのイザベル・ワース（Isabell Werth）といっしょになりました。イザベルは、14個のオリンピックメダルに加えて、1992年にファビエンヌ（Fabienne）号で、そして2007年にラスベガスでワルムニヒト（Warum Nicht）号でワールドカップを勝ち獲っています。

　ヴァレグロの脚は少し腫れていました。フライト中に巻いていたバンデージが、ちゃんとフライトソックスとしての役割を果たさなかったのです。また、試合前に、環境に慣れさせるために、ゆっくりさせてあげられる時間もあまりありませんでした。チームは、ヴァレグロがあまり時差ボケにならないよう祈っていましたが、実際には、かなりの時差ボケでした。また、自国の冬の気候から、砂漠の暑さの中に移動してきたことにより、少しバテてもいました。それにもかかわらず、グランプリ当日は、いつものようにヴァレグロらしさを発揮し、彼はやる気満々だったのです。

　馬場アリーナは、とても狭く、ライダーはラチの内側から課目をスタートしなくてはなりませんでした。外側には馬が通れるだけの幅が残されていなかったのです。周囲の熱狂的な観客との距離も近く、シャーロットが配置できないのではないかと危惧したジャッジたちとの距離も近すぎて、とてもやりづらい雰囲気を作り出していました。しかし、決してライダーをがっかりさせないヴァレグロは、シャーロットが少し保守的に演技してしまったと言っても、彼独特の驚くべき素養を存分に発揮したキャンターでした。2回目のピアッフェの時に、若干リズムを失ってしまったにもかかわらず、二人のスコアは85パーセントで、次点を5パーセントも引き離していました。ヴァレグロとシャーロットは7千もの観客が総立ちになって喝采を送る中、アリーナを後にしました。

左上：ヴァレグロだけは、リーム・アクラ・トロフィーを物見することがなかった。

左中：アリーナに入るシャーロットとヴァレグロに付き添うカールとアラン。

上：「手綱をゆったりと首にかけ、極上の笑顔で」ステファン・クラーク（Stephen Clarke）。

中下：シャーロットの笑顔がすべてを物語る。

右下：2015年FEIワールドカップ勝者にスタンディングオベーションを送る。

18 | ヴァレグロ ～オリンピック金メダルホースの軌跡～

スポットライトを浴びて | 19

　フリースタイルの時には、スポンサーのリーム・アクラによって作られた新しいワールドカップトロフィーにスポットライトがあてられていました。多くの馬が、そのトロフィーを気にしていましたが、ヴァレグロだけはまったく動じませんでした。アメリカの観衆は、みなノリが良くて、拍手をしたり、歓声を上げたりしてくれました。それは、演技が終了してからのみではなく、演技中も続きました。現チャンピオンのヴァレグロとシャーロットが入場すると観客の熱狂は、最高潮に達しました。その熱狂的な雰囲気で、ヴァレグロが演技しにくいのでは、という心配は無用でした。後にシャーロットが言うには、ヴァレグロは「やったー！みんなが僕の事応援してくれてる！」という感じだったそうです。そして、いつものように、ヴァレグロは100％指示に応え、シャーロットは多数の10点を獲得します。彼は、シャーロットを信頼し、安心しきっていたのです。大好きなことをするために、アリーナに入り、そしてそれは、楽しい演技へと続いたのです。この時の音楽はトム・ハント（Tom Hunt）によるアレンジで、ドリームワークスのアニメ映画「ヒックとドラゴン」の音楽を使用しました。とても柔らかく、かつ一見簡単に伸長駈歩からピルーエットへと移行したヴァレグロのエラスティシティー（弾力性）、パワフルでありながらも軽快な伸長速歩、完璧なピアフェとパッサージュ、速歩でのハーフパスや他に類を見ない軽快な動きで、馬場を流れるように横切ったパッサージュ——このすべてが1つになり、群を抜いた演技を披露しました。

　ワールドカップは、2位に10パーセントものスコア差をつけて、前チャンピオンが再び獲得しました。シャーロットが手綱を彼の首に預け、彼を抱きしめたり、観客にむけて両手を振ったりを繰り返しながら、ゆっくりと静かに退場する時には、惜しみない歓声をおくる観客の目には涙があふれていました。際立った信頼と、かつて世界が見たこともない完璧な演技を見せた馬場馬ヴァレグロは、常と変わらず、ベストを出し尽くしたのです。

　スムーズなフライトで帰国した数日後には、ヴァレグロは自宅の放牧地に戻り、彼のもう片方の仕事「食べること」に幸せそうに従事していました。

　これは、トレーナーであり共同オーナーであるカール・ヘスターと彼の栄光の軌跡に携わった人びとによって語られる、世界一のドレッサージュホース、ヴァレグロの物語です。

他に類を見ない最高のフリースタイルの演技。

写真 - 左上から時計回り：
駈歩でのピルーエット。

ヴァレグロを安心させるシャーロット。

速歩でのハーフパス。

すべてを出し尽くしたヴァレグロ。

ヴァレグロの駈歩でのピルーエットは、
ラスベガスで4回も10点満点のスコアを出した。

左上：ラスベガスでのウィニングラン。
もちろん、観客は再び総立ちとなった。

左下：スポンサー、リーム・アクラの新しい FEI ワールドカッ
プドレッサージュトロフィーを受け取るまさに「夢心地」の
シャーロット。

上：簡単に見える演技にもすべての集中力を注いでいる。

2 小さな始まり

「私にはヤングホースクラスでのヴァレグロは強く印象に残りましたが、カールに『あの駈歩を収縮できるものならやってみな！』と話しかけたのを覚えています」ステファン・クラーク

2002年7月5日、オランダのロッテルダムの南西の河口の島、ブールグ・ハームステーデ（Burgh Haamstede）で、メイフルー（Maifleur）号という牝馬に黒／茶の牡の仔馬が生まれました。ブリーダー夫妻、マルティエ（Maartje）とヨープ・ハンセ（Joop Hanse）によって、母馬の血統の4世代目として生まれたこの仔馬は、バンカーフルー（Vainqueurfleur）号と名付けられました。ハンセ夫妻が選んだ種牡馬は、若いドレッサージュスタリオンのネグロ（Negro／父フェロ×母フィウリー）号でした。ネグロのオーナーであるヘルトヤン・ファン・オルスト（Gertjan van Olst）とは長年の付き合いがあり、このかけ合わせで生まれた仔馬が牡の場合は、彼に連絡が来ることになっていました。

　伸びた牧草のなかを自由に動き回る仔馬は、動きが良く、ヘルトヤンはこの仔馬を気に入り、購入

しました。ファン・オルストのところにはバンカーフルーという名の馬がすでにいたので、この仔馬はヴァレグロと名付けなおされました。ロイヤルダッチスポーツホースの血統書であるKWPNに種牡馬として登録する予定で購入しました。

上：チャンピオンが生まれた日。
2002年7月5日。母馬のメイフルーとヴァレグロ。

左：マルティエとヨープ・ハンセ夫妻。
ヴァレグロを生み出したブリーダー。

右：ヘルトヤン・ファン・オルストとアナ夫人。
ヴァレグロの人生で大きな役割を果たした人物。

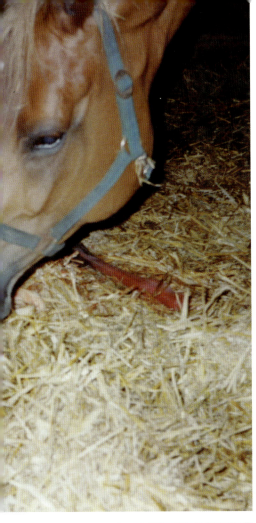

ヘルトヤン・ファン・オルストは有名なダッチウォームブラッドのスタリオンオーナーで、マネジャー。アナ（Anne）夫人は、デンマーク代表として数多くのオリンピックや、ワールドカップ、ヨーロッパ選手権などに参加している。二人とも、カールと長年の親交がある。ヘルトヤンは、長年の顧客でもあり、小さな馬生産者のマルティエとヨープ・ハンセ夫妻に招かれて見に行った際に、まだ生まれて間もないヴァレグロを見出した。

　ハンセ夫妻とは80年代初めから取引をしており、彼らの牝馬メイフルーを、ネグロと掛け合わせることにしたのです。メイフルーはとても美しい牝馬です。ヴァレグロは生まれたのが遅い方だったので、最初は仔馬のグループの中でも小さい方でした。それにもかかわらず、非常に良い「動き」と本当に素敵な後肢を持ち、彼の後躯には常に力がありました。また、驚くほど強靭な背中をも持っていました。ヴァレグロが、今アコーディオンのように簡単に歩度を伸ばしたり詰めたりできるのは、この後躯と背中のおかげです。

　彼を最初に見た時、彼のリズムにはすでに切れがありました。それはとても良いことで、また、珍しいことでもあります。私たちはヴァレグロを明け1歳からKWPNスタリオンショーにむけて育成しました。しかし、KWPNのグレード認定を受けられる種牡馬はわずかな上、ヴァレグロはクラシカルなタイプの馬体なため、最終的に認定を受けられなかったのは、当然の結果でした。残念ですが、納得のいく判定でした。種牡馬としては、少しばかり足りなかったのです。今となっては、ピアッフェやパッサージュにとても良いことが証明されましたが、当時は長い脚に、高く着いて前に伸びた首が好まれたのです。ヴァレグロの脚は長い方ではありませんでした。

　カールは私たちといっしょにスタリオンショーに来て、ヴァレグロを気に入ったので、去勢したのち購入しました。しばらくして、カールは馬を持ち過ぎたので、転売先を求めて我々のもとにヴァレグロを戻してきました。アナのところで調教されるヴァレグロの経過を見て、カールがこの馬は彼が乗るには少し小柄すぎると思っているのは知っていましたが、私たちはカールに、この馬にはポテンシャルがあるので、もう少し時間をかけてみたらどうかと提案しました。すでに売却先を見つけていたにも関わらずです。

　ヴァレグロは、常に協力的で、良い意味で常にシャープでした。いつも頭を使い、びくびくすることなどなく、愚かなことをして自分を困らせることもありませんでした。ただただよい性格の持ち主なのです。そして今、彼は自分の体を見事にコントロールしています。彼は望んで演技しているのです。彼は、まさに私たちが求める究極のドレッサージュホースです。—こんな馬にはそうそう出会えるものではありません。

小さな始まり | 29

　私は、デンマーク代表のライダーで、友人でもあり、ヘルトヤンの奥様でもあるアナのもとでしばらくトレーニングをしたことがありました。2005年1月にエスカパドォ（Escapado）号をつれてオランダに滞在中、オランダ北部のエルメロで開催されるKWPNスタリオンショーとグレード認定試験に、アナが誘ってくれたのです。ヘルトヤンはショージャンピングとドレッサージュのスタリオンの生産者として、有名でしたし、私が常々非常に良いと思っていた黒いスタリオンのネグロに、アナが騎乗するということで、同行することにしました。

　グレード認定試験は、非常に勉強になりました。2歳馬は、まずアリーナ内に放たれ、歩様をチェックされます。そのあと、ジャンピングレーンに追い込まれジャンピング。それをみて次のステージに進むかどうかが瞬時に判断されます。ヘルトヤンは、たくさんの幼駒をこの判定試験に連れてきますが、次のステージに進むのは毎回1頭位です。残りは、騎乗馬として売却されます。このグループの中に、目立たず、古いタイプの体型でしたが、なぜかとても気になる馬がいました。他でも述べたと思いますが、彼は「侯爵夫人のような頭と、料理人のようなおしり」を持っていたのです。決して見栄えが良いとは言い難く、小さかったのですが、力強く、非常によい駆歩をし、また態度もよかったのです。そして、値段も高くなかったので、彼を購入する決断をしました。この幼駒がヴァレグロでした。彼は、去勢されてから、イギリスに渡ってきました。

　3歳半になった時、鞍付けのために、隣人のサンドラ・ビドルコム（Sandra Biddlecombe）のヤードへ預けました。サンドラは、幼駒の調教を得意とする人で、何年間も私のベイビーたちの初期調教をつけてくれました。ヴァレグロは一度も問題を起こしませんでした。彼は、ドテドテした速歩と、まあまあな常歩を持っていましたが、素晴らしい駆歩だったため前途有望でした。ところが、4歳になっても、彼は16ハンド（162.5cm）しかなく、なんとなく小柄だったので、私が乗れるほどの大きさにはなるはずもないと思い、私のもとでトレーニングをしていた友人のスザンヌ・デービス（Suzanne Davies）に電話をし、ヴァレグロを買わないかと持ち掛けたのです。電話では、即買いの回答だったのですが、1週間もたたないうちに、スザンヌに多額の納税通知が届き、最終的には、購入を断念せざるをえませんでした。

　このできごとは、残念ではありましたが、問題ではありませんでした。ちょうど私はオランダの競技会に行く予定だったので、ヴァレグロをアナ・ファン・オルストのもとに戻して、そこから買い手を探してもらおうと考えたのです。数日後、私はアナとヘルトヤンからの電話を受けました。この馬は良くなるから、手放さないほうがよいと彼らは告げてきたのです。というわけで、ヴァレグロは私のグロスタシャーのヤードに、再び戻ってきたのです。

上：ヴァレグロの父馬ネグロ。自身もチャンピオンであるネグロは、パワーのある後肢を持ち、この資質が、産駒に受け継がれている。

左：ヨープ・ハンセとメイフラー号。オランダの自宅にて。

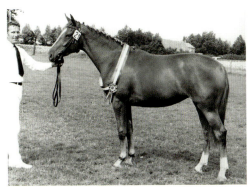

上：メイフルーの母馬ウェイデフルー号。
母馬もたくさんのチャンピオンシップを勝っている。

中：放牧される母馬と月齢1か月のヴァレグロ。
この時すでに毛色が変わりつつある。

下：マルティエ・ハンセとメイフルー。
初めての放牧の時。

サンドラ・ビドルコム（写真上）は、カールの幼駒のほとんどの初期調教を受け持っている。グロスターシャーのヤードの隣人で、ヘスターのセットアップの非常に大事なパートナーだ。

　ヴァレグロは、本当のことを言いますと、みょうちくりんな馬でした。脚は長くないし、どちらかというと典型的なアイリッシュホースのような外見でした。体全体に美しい表情を持ち、彼がやりたいことはトレーニングのみでした。最初から、つねに勇気があって、また非常にかわいい性格でした。

　私の甥の嫁であるブライオニーが、最初にヴァレグロの背に乗りました。私たちはいつも、最初の騎乗は馬房内で行います。ヴァレグロはスタリオングレード認定試験に参加しているため、すでに調馬索などの馴致は済んでいました。ファンタスティックな常歩と、大きな駈歩で、まるで、彼においていかれそうな錯覚に陥ります。今から思うと、特に「うわっ」と驚くようなことはなかったけれども、なんてよく動くのだろうとは当時から思っていました。最初から、非常に誠実で、とても素直で、そして、素晴らしい心を持っていました。初めての道路に出てみても、果敢に進み、興味を持って見る以外は決して物見をしませんでした。

　カールのところでの休憩期間を経てから、再び私たちのところで調教を開始しました。ヴァレグロは、放牧地内に溝を掘ってしまうほどぐるぐると歩き回り、尻尾は泥の塊になっていました。これを手入れするのは大変な作業でした。

　彼の成し遂げたことを思うと涙が出てしまいます。シャーロットは私のヤードにも馬をおいており、彼女がヴァレグロと外乗しているのを見かけた際は、いつも角砂糖をあげることにしています。そうしながら、彼の人生に携われたことを本当に幸せに感じています。

小さな始まり | 31

ヨープとマルティエ・ハンセ夫妻は、ロイヤルダッチ ウォームブラッド（KWPN）の牝馬プチ・フルー（Petite Fleur）号で繁殖事業を始めた。この牝馬は動きが良く、その産駒の動きも良かった。彼女はヴァレグロの曾祖母にあたり、なかなか面白い性格の馬で、また怒りっぽい馬でもあった。彼女の最初の産駒ウェイデフルー（Weidyfleur）号が、もっとも重要な馬となった。美しい栗毛の幼い牝馬は、ハンセ夫妻が、もうこの馬の価値は充分証明されたと思い、彼女をブリーディングクラスにエントリーすることをやめるまで、チャンピオンシップを次々と総なめにしていた。彼女は合計8頭の仔馬を生み、そのうちの1頭がメイフルーだった。メイフルーのみが、ハンセ夫妻のもとに残った。メイフルーも、ブリードクラスで優勝したことがある。かの優勝者はヴァレグロを生んだ今、夫妻のもとでのんびりと余生を過ごしている。この話は、ブリーダーとして成功するのに必要な忍耐力を示している。最初の基礎牝馬を購入してから4世代後、長年にわたって、スタリオンと牝馬の組み合わせを研究してきた結果、ネグロを父に持つ、とてもハッピーな牡の仔馬が生まれたのだ。

ヴァレグロは2002年7月5日に生まれました。他の仔馬となんら変わりのない見た目の仔でした。30年以上にわたる生産生活の間、50頭程の仔馬が生まれましたが、出産がスムーズにいった時ほど嬉しいことはありません。ヴァレグロの時も、スムーズな出産でした。そして、なんてかわいらしい仔馬だったのでしょう。

我々はこの仔馬をバンカーフルーと名づけました。「バンカー」はフランス語で、勝利者の意味があり、彼の成し遂げたことを考えると、悪くないネーミングだと思いました。彼は放牧地で伸び伸びと育ち、幸せに遊び、母馬とも仲良く過ごしていました。

我々のところで生まれた牡の仔馬はすべて、まずヘルトヤン・ファン・オルストに見せることになっています。ヴァレグロは土曜日に生まれたので、日曜日にはヘルトヤンに見に来たらどうかと電話しました。月曜日の朝に我々のところを訪れたヘルトヤンは、ヴァレグロを見て、すぐにこの仔馬を買い取ると言い出しました。乳離れが済むとヴァレグロはヘルトヤンに買われて行きました。そして、我々はヘルトヤンの元での彼の成長を見守ったのです。

スタリオンショーの後、カールに引き取られていき、2006年に彼の初の勝利の報を聞きました。バドミントン・ヤング・ドレッサージュホース・チャンピオンシップにて、ルーシー・カートライト（Lucy Cartwright）選

手騎乗とのことでした。それから、KWPN雑誌『In de Strengen』で、彼がイギリスで5歳馬、6歳馬としてもチャンピオンになったとの報を読みました。そして2011年には、ズヴォレで、あのエドワード・ガルに次いで2位になったとも読みました。次にヴァレグロに会ったのは、イギリス代表チームとして参加していた2011年ロッテルダム（注：ヨーロッパ選手権）でのことでした。この時初めてシャーロットにも会いしました。彼女とカールに会えたのは光栄でしたが、彼らも、ヴァレグロのブリーダーである私たちに会えて、嬉しそうでした。

それからは、できる限り彼に会いに行きました。ヴァレグロがすべてで1位になった次のロッテルダム大会（2013年）、もちろんロンドンのオリンピック（2012年）、ヘアニングでのヨーロッパ選手権（2013年）も、ワールドカップ予選のアムステルダム（2014年）も、もちろん、カーンでの世界選手権（2014年）も、すべて見に行きました。すべての選手権を見に行き、いっしょにいられたのは、本当に得難い経験です。彼の生まれ故郷でもあり、我々の母国でもあるオランダで、ヴァレグロを見ることはまた格別です。2015年のアムステルダムの大会は、シャーロットやカール、そしてイギリスからのチーム全員と会えて、とても楽しい時を過ごしました。我々はヴァレグロとシャーロットがドレッサージュ界のトップになったことを、とても誇りに思っています。

もっとも思い出深いのは、2014年のスヘルトーヘンボスでしょうか。ヴァレグロが2013年のKWPNホース・オブ・ザ・イヤーのタイトルを獲得したので、カールとシャーロットが満員のスタジアムの中でクリニックを行ったのです。我々が生産した仔馬とは信じられませんでした！もう一つ思い出にあるのは、その前年に、スポーツホース・ワールド・ブリーディング連盟（WBFSH）による招待でカタールのドーハに赴いた時のことです。2013年のWBFSHドレッサージュランキングでもっとも成績の良かった馬のブリーダーとしてアワードを受賞したのです。各分野、ドレッサージュ、ジャンピング、イベンティングのブリーダーが、それぞれ特別な賞品を受け取りました。それは、WBFSHのロゴが特別に刻印されたジャガー・ルクルト・レベルソの腕時計でした。その翌年、我々は、再び2014年のWBFSHの賞品を受け取るために、今度はジュネーブに招待されました。この時は、ジャガー・ルクルトは、マルティエにレディースウォッチをプレゼントしてくれました。彼女は、時計持ちになりつつあります！

ヴァレグロが世界ナンバーワンになったのは素晴らし

生まれたばかりのヴァレグロ。母馬のメイフルー号といっしょに。

いことです。彼は常に我々にとってのナンバーワンなのです。とても誇りに思っています。彼の全妹がどのように成長するか、楽しみにしています。まだ1歳（執筆時）です。毛色こそ違いますが、ヴァレグロにそっくりです。ヤレグロフルー（Jalegrofleur）号と名付けました。シャーロットはすでにこの子に会い、気に入ってくれましたが、現時点では売る予定はありません。まずは、彼女から何頭か生産しようと思っています。現時点では、兄のヴァレグロの時と同様、放牧場でのびのびと育っています。

左：父と子。2012年オランダのスヘルトーヘンボスのKWPNスタリオンセレクションでのネグロとヴァレグロ、そしてヘルトヤン・ファン・オルストとハンセ夫妻。この日、ネグロは良い産駒をたくさん輩出した牡馬に与えられるプレファラント・プレディケートのグレード認定を受けた。年間に4頭も選ばれない稀な認定である。

右中：2005年に、KWPNインスペクターにヴァレグロを披露するヘルトヤン・ファン・オルスト。

右下：KWPN審査で美しい姿を披露したヴァレグロ。しかし、種牡馬認定はされなかった。彼は、別の道を歩む予定になっていた。

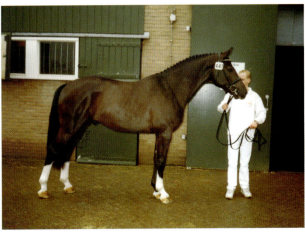

小さな始まり | 35

3 快進撃の始まり

2006年シアウォーターシュプリームチャンピオンシップを獲得したカールと4歳のヴァレグロ。

当時のヘッドガール（訳者注：女性の厩務責任者を指す）だったキャロライン・ドーソン（Caroline Dawson）が今でも言うように、最初はヴァレグロのヘッドシェイキングへの対処が大変でした。そのころは、彼特有の大きい駈歩が、彼の顔面に埃を舞い上げ、ヴァレグロはそれをとても嫌がったのです。にも関わらず、ヴァレグロは2006年、全英大会のシアウォーター4歳馬チャンピオンシップで1位になりました。そして、その一年でのベストの結果は、ルーシー・カートライト（Lucy Cartwright）騎乗で優勝した、バドミントン・ヤングホース・チャンピオンシップでした。輝かしい戦歴をたくさん持ち、中でも2003年のヒックステッドのヨーロッパ馬術選手権で、ビョーセル・ブライアー（Björsells Briar）号と個人銅メダルを獲得したヤン・ブリンク（Jan Brink）が、審判としてスウェーデンより来ており、この馬の事を大絶賛してくれました。我々にとっても非常にエキサイティングな事でしたが、バドミントン生まれで地元の絶大な人気のもと、優勝したルーシーにとってはさらに特別なことでした。

ワールドクラスパフォーマンスプログラム（訳者注：イギリス内の才能のある人馬を探し出し、可能性を伸ばし、世界舞台での金メダル獲得数を伸ばすことを目指す強化プログラム）の選抜委員となっていた私が、大きな可能性を秘めた若いライダーを見つけたのは、ちょうどこの頃でした。彼女の馬のフェルナンデズ（Fernandez）号にまたがってみた時に、この馬がよく調教されており、グランプリまで行ける可能性があると感じました。騎乗後、その馬のライダーと話す機会があり、彼女は私を質問攻めにしました。私は彼女とは連絡を取り続けたいと思いましたが、私のところには翌年まで研修生を受け入れる枠がありませんでした。しかし、彼女は私のところにレッスンを受けに来て、その時の彼女の態度が非常に気に入ったので、私は休暇中のスタッフの代わりに数日だけ滞在することを勧めました。そのライダーこそが、シャーロット・デュジャルダンでした。そして、その日から彼女はずっと私のもとにいるのです。

上：ヴァレグロとルーシー・カートライト「彼のすべてが大好きでした」。

左：バドミントン・ホーストライアルで毎年恒例のカールのトレーニングディスプレイ：ヴァレグロに騎乗するルーシー・カートライト。

チーム・ヘスターは、今現在のカールのグロスタシャーの厩舎から数マイル離れたアン・シーファート＝コーン（Anne Seifert-Cohn）の厩舎を拠点としていた。ルーシー・カートライトは、義務教育終了後から独立するまでの6年間、ちょうどヴァレグロが到着した時にも、カールの元で働いていた。

　私はヴァレグロを見た瞬間に、なんて美しい馬なのだろうと思いました。彼はいつでも素晴らしい性格でした。彼が超有名になった今、私と彼にこんな関わりがあったなんて、信じられない気持ちです。彼に最初に跨った時のことは忘れることができません。ヴァレグロは—私は今でもブルーベリー、「ブルーブス」と当時のままで呼ぶことが多いのですが—やっと鞍付けが終わったところで、まだまだ調教を始めたばかりでした。そのため、私が騎乗した状態で、カールが調馬索をかけたのがはじまりでした。ヴァレグロの駆歩は非常に大きくて、このまま跳ね飛ばされるのではないかと感じました。

　彼の最初の外出は、FEIジャッジで、ライダーでもあるクリスチャン・ランドルト（Christian Landolt）のところであったジャッジのセミナーでした。彼を遠征に慣れさせるよいスタートでした。彼の最初の競技参加の遠征は、私といっしょに、ハンターズ・エクエステリアン・センター（訳者注：グロスタシャー東部にある馬場専門の馬術競技施設）へでした。ジャッジはピーター・ストア（Peter Storr）でした。駆歩は辛うじて、ラチ内に納めることができました。もちろん、ブルーブスはいい子でしたよ。

　2006年に4歳のブルーベリーとバドミントン・ヤング・ホースのファイナルで勝ったことは、今でも信じられません。私は若かったこともあり、インターナショナルライダーで、スウェーデンのメダリストであるヤン・ブリンクにジャッジされるという興奮もあり、また、カールとユートピアといっしょに騎乗する興奮もあり、少し記憶が曖昧になっていますが、夢のような時を過ごしました。カールは、自分とユティ（ユートピア）が2位だったにもかかわらず、私をサポートしてくれ、まるで自分の事のように喜んでくれました。カールは、馬運車と馬運車の間の芝の部分で、ウォームアップをさせてくれて、その時もブルーベリーは完璧で、一度も指示と違うことしませんでした。ちょうどその時、私の馬は跛行してしまっており、カールが親切にもブルーベリーに騎乗させてくれたのです。そして私は彼を自馬同様にかわいがりました。彼のすべてが大好きでした。彼は本当に人懐っこく、なんにでも興味を持っていました。

　もちろん、シャーロットがヴァレグロに乗り始めると、さみしく感じる時もありましたが、今では良かったと思っています。心の奥底では、私は小さすぎる（私は158cmしかありません）のと、当時の私には、まだ充分な技術がないことがわかっていました。私は翌年、バドミントン・ヤング・ホースのファイナルで勝ったカールとブルーベリーのために、グルームとして付き添いました。とても楽しい経験でした。その年は、洪水が多くて、ヴァレグロを家まで連れて帰れませんでした。カールは住宅地の道でウォーミングアップすることになってしまい、またブルーブスは、バドミントンからほど近いところに住んでいた私の母のもとで、数日過ごしました。さらに、素晴らしいことに、カールは私に、グルームとしての賞金小切手ではなく、勝者の賞金小切手をくれたのです。私は、カールに次のメッセージを送ったことを覚えています。「小切手ももらった。馬もあずかった。このまま、おさらばします！」

　独立するため、カールのもとを離れる日、私はカールとブルーベリーにお別れを言った途端、こみ上げてくるものを抑えきれませんでした。いま思い出しても、この素晴らしい動物たちとの絆を思わずにはいられません。またカールのところにもどって、彼のもとで働きたいと思ってしまうほどです！

快進撃の始まり｜39

キャロライン・ドーソンはカールのヘッドガールとトラベリンググループを長年勤めた。その後、オランダのアナとヘルトヤン・ファン・オルストの元で働き、再びカールの厩舎に戻って働いた後、馬の看護師になった。ヴァレグロの命運を分けたあのスタリオンショーからファン・オルストの厩舎に戻ってきた時に、カールと同行していたのが彼女である。

　ファン・オルストの厩舎に到着して、まだあまり間もない頃、ヘルトヤンが馬運車いっぱいの牡の仔馬をつれて、最初のスタリオン審査から戻ってきました。私は、ピーナッツことエスカパドォ（Escapado）号の世話や、その時いっしょにいた馬たちを馬房に入れたりして忙しかったので、あまり注意を払っていませんでしたが、ヘルトヤンは、とても思いやりを持って幼駒たちをフリースクーリングするので、私はそれを見るのが好きで、この時も見に行きました。ブルーベリーが、体が小さいとされて最初のスタリオン審査を通過できなかったのは、なんて皮肉なことだったのでしょう。ブルーベリーはその後スーパースターになったのに。彼を見て、なかなかよい動きを持っていること、非常にかわいい顔つきであること、でも、体はちょっとずんぐりしているなと思った記憶があります。いずれにしても、カールは彼を気に入り、去勢してから、イギリスへと送らせました。

　ダレン・マティア（Darren Mattia）と私で、馬房内で何回か背中にお腹を乗せるところまで行い、その後、ブルーベリーは、サンドラ・ビドルコムのもとへ、鞍付けのために送られました。カールの厩舎に戻ってきた時には、ルーシー・カートライトが担当になりました。しかし、戻ってきて間もなく、彼はヘッドシェイキングをし始めたのです。それぞれ絶対治ると謳っているさまざまなハーブのサプリ、ノーズネットや、当時はやりだったものすべてを試しましたが、効果はありませんでした。日光や花粉が原因なのかどうかもわからず、問題はどんどんエスカレートしていきました。時には、非常に激しく頭を振るので、彼の大きな駈歩と相まって、小柄なルーシーが空高く飛ばされてしまうのではないかと心配したほどです。馬房内や、乗っていない時のブルーブスはめちゃくちゃいい子だったのですが、ヘッドシェイキングだけは、問題でした。カールが原因は自らが蹴り上げる埃であることを突き止め、それにきくツボを押すように配置できる大勒を使用することで、この問題は解決できました。

　しかし、彼は小さかった。カールは小さすぎると感じたのです。そのためブルーベリーは、国際大会に出場す

るカールとピーナッツ（エスカパドォ）と私といっしょに、イギリス海峡を越えたのです。ブルーベリーは、ファン・オルスト厩舎で売ってもらうために降ろされ、残りのメンツは楽しい試合会場に向かいました。我々が試合に参加している間、ファン・オルスト厩舎では、ブルーベリーに騎乗してみて、すぐにカールにこの馬はキープしておいた方が良いとアドバイスしました。その時、すでに買いたいという人がいたのにもかかわらずです。なので、私たちは帰り道にまた彼を拾って戻ってきました。この旅行で、ヴァレグロはとても旅上手であることが分かりました！

　ルーシーは熱心に、ヴァレグロとトレーニングを続けました。彼といっしょに数々の好成績を残しましたが、最高の成績は2006年のバドミントン・ヤングホース・チャンピオンシップでした。シャーロットが厩舎のメンバーとして加わり、ヴァレグロに乗り始めたのも、このころです。私の仕事はエクセサイズの間に馬装したり、洗ったりすることが大半で、実際の運動を見ることはあまりなかったのですが、見かけた時は、彼とシャーロットの間に絆が生まれはじめているのは明らかでした。彼に乗っている時は、シャーロットはいつも満面の笑みを浮かべていました。彼らの初めての連続の踏歩変換のラインは決して忘れません。カールは、5歩もしくは6歩毎に踏歩変換させていましたが、ブルーベリーは、指示を出されるたびに、大きくて的確な踏歩変換を披露し、それにつれて、シャーロットの笑みはどんどん大きくなっていったのです。彼らも非常に喜んでいるようでしたし、とてもワクワクすることで、私の顔にも笑顔が浮かんでいました。

　2007年の終わりには、私はカールのところを辞め、ファン・オルスト夫妻の元へと移り、そこでブルーベリーの父馬、ネグロを担当しました。ブルーベリーの進歩を遠くで見守りながら、その父馬であり、同じく素晴らしい性格を持つネグロを担当することに、誇りを感じていました。

　その後、イギリスに戻った私は、再びカールのもとで、パートで働き始めました。ヘッドガールとしてではなく戻るのには少し違和感もありましたが、しばらく離れていたので、ブルーベリーで外乗に出たり、カールの指導のもと軽くトレーニングしたりできたのは、非常に光栄でした。簡単なストレッチ運動や、移行しか行っていませんでしたが、私は彼のもたらしてくれる感覚を堪能しました。カールが、彼とシャーロットといっしょにヴィドーバンCDIに帯同したいかどうか尋ねてくれた時は、とても光栄に感じました。けれども、その時はすで

40｜ヴァレグロ　〜オリンピック金メダルホースの軌跡〜

に馬の病院で働き始めており、しかも忙しい繁殖シーズンだったため、残念ながらお断りするしかありませんでした。本当に、断らなければよかったと思っています。代わりにアランが帯同し、あとはみなさんがご存じの通りです。

人びとが、私がカールの元にいたことを知らずに、ヴァレグロの事を語るのをきくといつも胸の奥が熱くなります。私は彼が達成したことを見ながら、あのオランダで、トラックから降りてきた小さなずんぐりとしたポニーを思い出しては、きっと今頃KWPNはスタリオンに選ばなくて惜しいことをした！と思っているだろうと思わずにはいられません。

キャロライン・ドーソンとエスカパドォ（通称ピーナッツ）号。カールの元オリンピック馬で、引退した今は、カールの厩舎近くのキャロラインのところで余生を過ごしている。

シャーロットは、私の元に来た時にはすでにしっかりとした強靭なライダーでした。そしてヴァレグロも、体の動きが強く、とくに口向きも強くなりがちな馬だったので、この2人を組ませることにしました。そしてシャーロットがより上位クラスの馬に乗る機会が増えるに従い、彼女の学習意欲、熱意、そして仕事に対する意欲は、私を驚かせるとともに、彼女の年ごろだった自分自身のことを思い出させてくれました。彼女はヴァレグロといっしょに学んで、いっしょに成長していっているその時から、オリンピックライダーになりたいと思っていました。

グランプリ演技の要はコレクション（収縮）です。ヴァレグロの大きすぎる駈歩を収縮させるのは難しいだろうと言う人もいました（あなたのことですよ、ステファン・クラーク！）。しかし、彼の胴体はゴム毬のようで、さらにシャーロットには馬に収縮運動を教える、神が与えたとしか思えない才能が有ったのです。すべての若者と同じように（必要ないと思う若者もいるかもしれませんが）、シャーロットも、馬のトレーニングを進めるペースや、試合への備え方などついて指導やアドバイスが必要でしたが、ヴァレグロと新しいことを次々と達成し、そのたびにあふれんばかりの笑みを浮かべていました。

ヴァレグロはシャーロットと2007年にノービス（準初級）のナショナルタイトルを取りました。そして、その翌年にはエレメンタリー（初級）とミディアム（中級）チャンピオンシップのタイトルを取りました。2009年の冬にはアドバンスドミディアム（準上級）チャンピオンシップを勝ちましたが、その年の全英大会は、ヴァレグロの試合時間は朝早かったため、いつものように事前に2回乗り込んでおくということをしませんでした。そのため、彼は演技中、ピリピリしてしまっていました。通路で何かが物音を立てただけで、集中力を一瞬欠いてしまい、その一瞬の結果、彼らは2位に終わりました。彼らが勝てなかった唯一のチャンピオンシップでした。

ヴァレグロは翌2010年、セントジョージ賞典の全英チャンピオンシップを勝ちました。この時、私は初めて、ヴァレグロとシャーロットの目標はロンドンオリンピックであるということを公言しました。この時、シャーロットは演技がうまくいかず、ぶつくさ言いながら戻ってきました。私は気にせず、彼女にヴァレグロを馬房にいれさせ、そのまま振り返って、密着していたホース＆カントリー（訳者注：イギリスの馬とカントリーライフの専門チャンネル）のカメラに向かって、目標は2012のロンドン五輪ですと言ったのです。

快進撃の始まり | 41

ヤン・ブリンク（上の写真:ビョーセル・ブライアー号といっしょに。）は、クレバー・マーティーニ（Kleber Martini）号、ビョーセル・フォンタナ（Björsells Fontana）号、ビョーセル・ブライアー号という3頭の馬で、国際選手権のメダルを、7つも獲得するというスウェーデンの最高記録を持つライダーである。ビョーセル・ブライアー号とは2003年のヒックステッドのヨーロッパ選手権で銀メダルを獲得。2009年のラスベガスのワールドカップファイナルでブライアー号と演技したのち、奥さんのカタリナとの時間をより多く過ごすため、また、南スウェーデンのトゥルストープ・ドレッサージュ（Tullstorp Dressage）という自分の種牡馬センターの経営と、馬やライダーのトレーニングに専念するために引退。ヴァレグロの父馬ネグロ（Negro）も、彼のスウェーデンのセンターで取り扱っているスタリオンの1頭である。

　2006年にバドミントン・ヤングホース・チャンピオンシップに審判として招かれたのは、非常に嬉しいできごとでした。私と妻のカタリナは、ビューフォート公爵夫妻に、バドミントンのお屋敷に招かれていました。素敵な晩餐でしたが、次の日に競技に参加するカールも招かれていたので、少し心配もしていました。もちろん、競技についてはまったく話しませんでした。審査に影響が出ると思われたくなかったのです。
　ヴァレグロは小さかったですが、非常に運動神経がよさそうに見え、そして若い馬なのに非常に安定して、気楽そうな馬だと思ったことを覚えています。彼はまだ4歳で、細身の女の子のルーシー・カートライトが騎乗しており、一方カールはユートピアを5歳馬クラスで騎乗し優勝しましたが、チャンピオンシップでは、私はヴァレグロを1位にしたのです。彼はいわゆる目を引くタイプではありませんが、歩様やリズムが安定していました。私はこのようなヤングホースの試合はいいと思いますが、私から見れば、多くは決してグランプリレベルに到達することのない馬たちが勝っています。動きは大きいかも知れませんが、収縮や伸張の動作が遅すぎるのです。ヴァレグロは若くて、経験値も低かったですが、歩幅を収縮でき、その際のフレームも安定していました。この馬は行ける！と思ったものです。
　物事の展開は面白く、3年前になって初めて、誰かがヴァレグロは、私があの時ジャッジした馬だよと教えてくれたのです。何事も非常に簡単に見せる、圧倒的なパワーがありながらも、押しすぎることも引き過ぎることもなく、大きな動きだけれども、リズムに変化がないということは、今見れば誰の目にも明らかですが、2006年の時点で、すでに私には明らかなことでした。そして、何よりもいいことは、今ではすべてのドレッサージュで、調和と表現を重視するようになったことです。4歳のころのヴァレグロも見ていて気持ちよかったし、今の彼も非常に楽しみです。

42 | ヴァレグロ　〜オリンピック金メダルホースの軌跡〜

上：4歳にして優勝！

中：ヴァレグロに騎乗する2006年シアウォーターシュプリームチャンピオンシップを獲得したカール。

下：幼いながらも、すでにプロフェッサーのようなまなざし。ヴァレグロはシュプリームチャンピオンシップで勝つ前に4歳馬クラスでも優勝した。

リチャード・デービソン（Richard Davison）（写真上）は、2012年のロンドンを含む4大会のオリンピック選手で、カールの長年の友、チームメイト、そしてアドバイザーでもある。国際的なトレーナーで、イギリス馬場馬術チームの元キャプテンであるリチャードは、イギリスのワールドクラスパフォーマンスマネージャーの職を4年間勤めた。ちょうどイギリスチームが国際的にもっとも成功した期間の戦略的プランの考案者でもある。

ヴァレグロが4歳か5歳馬のセクションにいたか思い出せませんが、全英大会のヤングホースチャンピオンシップのファイナルで彼をジャッジしたことは思い出せます。彼はいつもエネルギーに満ちあふれていて、若いころはたまにそのエネルギーが爆発する時もありましたが、彼が駈歩を始めた時、私はためらうことなく10点と採点しました。今でもまぶたの裏に思い出されます。駈歩に必要なすべての条件を備えた理想的な駈歩でした。ひょっとしたら、彼の戦歴の初めての10点だったかもしれません。

中上：2008年のストーンリーでミディアムチャンピオンシップを取ったシャーロットとヴァレグロ。

中下：ヴァレグロはその年のエレメンタリーオープンチャンピオンシップも勝ちました。

右上：そして、シアウォーターシュプリームチャンピオンシップまで総なめに。シアウォーター保険のジェレミー・ロートン（Jeremy Lawton）氏による表彰。

右下：観衆を冷静に眺めるヴァレグロ。まるで、「お楽しみいただき、ありがとうございます」とでも言っているかのよう。

フランシス・バービック（Francis Verbeek）（写真下）は、オランダのトレーナー、クリニシャン、そしてFEI5スター国際ドレッサージュ審判。2014年の世界馬術選手権大会や2015年のワールドカップファイナルなどを含む多数のチャンピオンシップで審判を務めた。

　私がヴァレグロを最初に見たのは、彼が5歳か6歳の時です。イギリスで、カール・ヘスターといっしょにオークションで審判を務めていた時です。カールが馴致を兼ねてその馬を連れて来ていました。若いにも関わらず、基本的な歩様、バランス、そして表現力の良さに感銘を覚えました。

　それ以降、幸いにもこの「スーパーホース」ヴァレグロをたくさんのチャンピオンシップでジャッジする機会に恵まれました。彼は、常に上達していっていると感じます。

　ヴァレグロは素晴らしいです。ヴァレグロをご覧になったすべての人が、彼を限りなく完璧に近い馬として一生記憶に留めておくでしょう。

快進撃の始まり | 45

2010年、ヴァレグロとシャーロット。
全英スモールツアーチャンピオンシップにて。

快進撃の始まり | 47

上：かの大きい駈歩は演技中も

左：……表彰式でも健在。

4 そして
ロンドンへ

2011年ロッテルダム（ヨーロッパ馬術選手権）。チームリーダーのディッキー・ウェイグッド（Dickie Waygood）と、グランプリの演技のためアリーナに向かうシャーロットとヴァレグロ。二人の初めての団体戦で、イギリスチームは金メダルを獲得。しかし個人戦で銀メダルを2個獲得したカールとユートピアの年だった。

2010年、ヴァレグロは、スペインの「サンシャイン・ツアー」と呼ばれるツアーで国際大会デビューを果たしました。セントジョージ賞典を好スコアで優勝し、インターメディエイトIでは2位となりました。

もちろん、彼は一躍有名になりましたが、私たちはどの馬にも、競技をさせすぎることはありません。ヴァレグロを次の全英大会まで自宅厩舎においてトレーニングすることで、次の期間のより長い戦略的なプランを練る時間がありました。

そのプランは2011年の1月、スペインよりかなり寒いオランダのズヴォレから始まりました。私はそこでシャーロットの馬、フェルナンデズ（通称デズ）号で、彼の最初のグランプリに参戦しました。シャーロットとヴァレグロにとっては、インドアでスモールツアーレベルから始めるのに最適な機会でした。ヴァレグロはセントジョージ賞典で、エドワード・ガルとボイス（Voice）号に次いで2位となりました。しかし、彼は話題になり、間違いなく注目され始めました。後にオランダチームのコーチおよびKWPNスタリオンライセンスコミッティーのチェアマンとなり、その時すでに国際審判として有名だったヴィム・エネス（Wim Ernes）が、私のところまでやってきて、ヴァレグロは今まで見た中で、このレベルで最高のヤングホースだと言ってくれました。

デズと私の馬ユートピア（ユティ）でオリンピック選考に必要なスコアを得ることが最優先事項でしたが、ヴァレグロもグランプリデビューするべく控えていました。そのために、私は丸々1カ月かけてシャーロットと彼の準備を進めていました。ヴァレグロはとても頭が良くて、他の馬だったら事前に行わなければならなくなるような変化に富んだエクササイズをする必要はまったくありませんでした。他の馬と違って、ヴァレグロの場合は、経路を教えるだけで良かったのです。課目の試技を練習するだけで良いというのは、とても珍しいことですが、それがヴァレグロのやり方でした。ルートを見せさえすれば、彼は覚えてくれました。もちろん、彼はまだまだ青くて、経路を正確に覚えるための十分な時間もありませんでしたが、彼のグランプリのデビュー戦だったアディントンの大会では、たくさんの10点を含んだ75パーセントに近いスコアで優勝しました。

上：ヴァレグロにとっての2011年はズヴォレから始まった。

右：優勝することはなかったが、人びとの口の端に上ったヴァレグロ。

52 | ヴァレグロ 〜オリンピック金メダルホースの軌跡〜

ヴィム・エネス（写真上）はオランダのドレッサージュチームのコーチである。このポストに就くため、多くの国際大会やチャンピオンシップで審判を務めてきたFEI公式審判の職を降りなくてはならなかった。彼はKWPNに熱心に関わり、2015年末までライセンスコミッティーの会長を務めた。

　2011年1月のズヴォレで、スモールツアー競技会に参加しているこの馬を見た時のことをはっきりと覚えています。これ以前に彼を見たことはなく、その時彼は優勝もしませんでしたが、将来楽しみな馬だと思ったことを覚えています。2回目は数カ月後のヴィドーバンでした。私はヴァレグロの伸長速歩に、初めての10点をつけたのです。そして、大会マネージャーに「もしプレスリリースを書くなら、おそらく将来の金メダリストを見たと書いておいたほうが良いよ」と言ったことを覚えています。一年後、ロンドンオリンピックで、ジャッジボックスから退出する私に、あの時のヴィドーバンの大会マネージャーからメッセージが入りました。それには、ただ一言「あなたの言う通りでしたね」と。

　グランプリ課目の国際試合デビューと、ロンドンオリンピックというヴァレグロの人生の2つの大事な節目に立ち会い、見守ることができて非常に嬉しく思っています。

ジュディ・ハーベイ（Judy Harvey）は、国際的ライダー、テレビコメンテーター、FEIドレッサージュ審判であり、シャーロットの最初のドレッサージュトレーナーでもある。

　ヴァレグロは若いころから、自分が非常に良い馬であると、明らかに分かっているようでした。私は彼のグランプリ演技をアディントンで見ました。国際試合でも、プレミアリーグ（イギリス馬場馬術のリーグ）でもない、ある冬の大会の夕方のことでしたが、彼はとてつもなく良い演技を披露しました。これはシャーロットの初めてのグランプリでもありました。最初のピアッフェに差し掛かった時、ヴァレグロは止まってしまいました。何をすべきなのか分からなったのです。シャーロットが脚で押すと、そのまま素晴らしいピアッフェを始めました。この時点で、私はとても羨やましいと思っていました！彼らは75パーセントのスコアで優勝しました。カールは待機馬場にいて、スコアが発表されると瞬時に電話をかけていました。私は彼がすでにこの馬を売ろうとしているのかと思い（もちろん違いましたが）、彼のところに行き、「あの馬を売ろうとしているのなら、もう2度と口を利かないわよ」と言いました。売るつもりはなかったようで、安心しましたが。ヴァレグロはカールの元に残り、どこにも行く予定はないようでした。

　ヴァレグロがグランプリスペシャルで世界新記録を出したハーゲンの大会で、私の馬とヴァレグロは隣り合わせの馬房にいました。彼は真のプロアスリートでありながら、馬房の中ではありきたりな馬のように振る舞います。入口にロープ1本を渡しただけの馬房から、静かに、そして面白そうに周囲を眺めているのです。にもかかわらず、このありきたりな馬が試合に行くたびに、新記録を打ち立て行きました！

　2012年ロンドンオリンピックのグリニッジでの試合で、BBCのコメンテーターを務めることができたのは、素晴らしい経験でした。シャーロットとヴァレグロの試合のすべて、その最初から金メダルを獲得するまで、忘れることのできない体験でした。私は解説席でハラハラしていましたけどね。これ以降、審判の研修に何回か参加しましたが、今ではヴァレグロの動きがドレッサージュの基本のあり方として紹介されるようになりました。これはカールのトレーニング方法への称賛でもあります。彼は素晴らしいことを成し遂げました。もちろん、シャーロットも、グランプリライダーの気質と闘争心を持っていましたが、実際に実現するには、カールの冷静なアドバイスと経験が必要不可欠だったと思います。

上：シャーロットとヴァレグロ。カールとユートピア。

左：ジュディ・ハーベイ（右側）とシャーロット・デュジャルダン。

右上：アラン・デイビスと。ヴァレグロの人生における真のパートナーシップのひとつ。

54 | ヴァレグロ ～オリンピック金メダルホースの軌跡～

　南仏のサントロペのちょっと北にあるヴィドーバンが、2011年3月の次の目的地でした。ここを、ヴァレグロの最初の国際グランプリの会場とするつもりでした。ここを選んだのは、サンシャイン・ツアーから考えて、ヴィドーバンはきっとまだ暖かく、そして移動距離は短くて済むはずだと思ったからです。移動距離の点では、その通りでしたが、前者については大きな間違いでした。土砂降りだったのです！シャーロットはヴァレグロでオリンピック選考に必要なスコアを取るつもりでいたので、棄権せずに、競技を続行しました。なんというデビューだったでしょう！ヴァレグロはグランプリとグランプリスペシャルの両方で優勝してしまったのです！誰にとっても驚異的な国際デビューでしたが、経験が豊かではないライダーと、経験の少ない馬がほぼ完璧な演技を披露したことは驚愕に値します。

　ヴィドーバンはアラン・デイビスがグルームとして帯同した最初の遠征でした。アランとは長年の付き合いがあり、この時、ヘッドガールだったキャロラインが馬の看護師としての仕事を始めるところだったので、かわりにアランにいっしょに来ないかと持ち掛けたのです。もちろん、アランは一度も離れることなく、それ以降ずっとヴァレグロの側にいます。

　私は、しばらく休養中だったユートピア（ユティ）での転戦を再開したのと同時に、シャーロットとヴァレグロのレベルも上げようとしている最中でした。この2頭の馬が馬場馬術界で侮れない存在であることは、誰の目にも明らかでした。4月の終わりには、私たちは、その前年にユティが優勝したフランスのソミュールに再び戻り、ユティはまた74パーセントで優勝しました。ユティより1歳下の9歳だったヴァレグロは、なんとたった1パーセントの差で私の後ろ、2位にいました。そして、彼とシャーロットはユティと私を僅差で破ってグランプリスペシャルで優勝したのです！どうやら私のプランは予定通り進んでいるようでした。

そしてロンドンへ | 55

ベルギー生まれの**ロブレクト・"ロブ"・クノッカート（**Robrecht 'Rob' Cnockaert）はゲント大学で獣医学を専攻。彼の馬専門病院は、パフォーマンスホースのケアを専門とする。ロブレクトとカールは2008年のロッテルダムのネーションズカップで出会い、それ以降、ロブはカールの馬たちの医療に貢献。ロブは奥さんのジェニファーと2人の子ども、そしてたくさんの動物たちに囲まれてノッティンガムシャーに暮らしている。

　ブルーベリー（ヴァレグロ）とは彼がかなり若いころからの付き合いです。出会った瞬間から、彼の成し遂げる偉大な運命を感じていた（カールとシャーロットは知っていたようですが）と言いたいところですが、実際は、とても優しいのんびりした性格の持ち主だと感じただけです。思いやりがあって、寛大なこの小さな馬が、その後数年にわたって、私の感情をこんなにもかき乱してくれるとは思ってもみませんでした。

　ヴァレグロを思い出す時、最初に浮かぶのは、そのあふれんばかりの才能とパワーではなく、彼の素直さ、誠実さ、そして優しさです。この馬は人と運動することに素晴らしい意欲を持っています。毎回、どこでも、どんなことをさせても、100パーセントを出し切ります。そして、それがいとも簡単にしているように見えるのです。私は、彼が表彰式で観客を眺めている時に、何を思っているのか、いつも知りたいと思っています。表情には、知性があり、瞳はいつも楽しそうに輝いています。ひょっとしたら、自分でなにか面白いことを考えているのかもしれません。

　舞台裏でのよりプライベートで感動的な瞬間を垣間見られたことは素晴らしい経験でした。グルームのアランが彼に示す熱い想いは、見ていて脱帽ものでした。しかし、すべてにおいて寛大で、多くの人の愛情を集めるこの馬には、当たり前のことだと思います。ひとつだけ絶対確かなことがあります。ヴァレグロは献身的なチームのみんなに愛され、かわいがられているということです。私もそのチームの一員であったことを光栄に思います。その間に、私はかなり老け込んでしまったというのも間違いではありません！でも、機会があれば、同じことをもう一度やりますよ。

　ヴァレグロの大きなハート、驚異的な才能と並外れた性質が、国中の人の心をとらえて離さないのは当然です。私も間違いなく彼の虜です。

中上：イカした馬であることを証明しつつあるヴァレグロ。満面の笑みのディッキー・ウェイグッド（Dickie Waygood）のそばで、抱き合うカールとシャーロット。

右上：2011年ロッテルダムで団体戦デビューに向けてトレーニングするヴァレグロとシャーロット。後ろにはローラ・ベクトルシャイマー（Laura Bechtolsheimer）（現トムリンソン Tomlinson）とミストラル・ホイリス（Mistral Hojris）号。

下：ロブ・クノッカートのオリンピック身分証を食べようとするヴァレグロ。2012年ロンドンにて。

　当初、意図していた計画は、ユティとブルーベリー（ユートピアとヴァレグロの自宅での愛称）の2頭と、シャーロットのフェルナンデズを控えとしてヨーロッパ選手権に出場させ、高得点獲得に向けて備えることでした。なおデズはこのヨーロッパ選手権の後にノルウェーのキャサリン・ラスムッセン（Catherine Rasmussen）に譲りました。この時点でヴァレグロがシャーロットのナンバー1であることが明らかになったからです。シャーロットとヴァレグロのように若くて、経験の少ないコンビにはなかなか難しい課題でした。しかし、かなり早い段階で、自信の無さは問題ではないことが分かりました。シャーロットは非常に負けず嫌いで、大会をこなすたびに、困難を乗り越えていきました。そして、ヴァレグロも、非常にクールな馬であることを証明していきました。

　私たちはイギリスチームの管理部門や代表選考部門からも支持を得ていましたが、だれも2011年の時点で、この2頭がどれほど素晴らしいか、また、ヴァレグロがどれほど驚異的なことを成し遂げるのか、予見した人はいなかったと思います。本来この年は、ユートピアの活躍の年となるはずでしたが、グランプリレベルを始めてまだほんの間もないコンビが、70台半ばから後半のスコアを出していたことを考えれば、ユティよりも1つ年若いヴァレグロが、将来、見出しを飾ることは明らかでした。

リチャード・デービソンは、国際的トレーナーかつイギリスを代表するドレッサージュライダーの一人である。ヴァレグロを長年見てきた。

　ヴァレグロがグランプリの運動を難しく感じていないことは、レベルを上げた運動を始めた当初から明らかでした。カールの厩舎に遊びに行くたびに、カールはますますヴァレグロに夢中になっていくようでした。ある時、カールは私を呼んで、当時7歳のヴァレグロがどんなに簡単に1歩毎の踏歩変換を学んでいるか、シャーロットに披露させました。そして、ヴィドーバンでのヴァレグロにとっての初めてのグランプリレベルの国際大会の時に、カールは、ヴァレグロは今までの馬の中でももっとも自然にグランプリをこなす馬だとメッセージしてきました。しかし、カールでさえ、ヴァレグロがどんなに特別だったか、彼がその後に勝ち取る勝利、あるいは彼が達成する世界記録を正確には認識できていなかったと思います。

そしてロンドンへ | 57

国を代表するチームメンバーに選抜され、かつメダルを獲得して帰国するというのは、夢のような話です。シャーロットとヴァレグロにとって、その夢は2011年8月ロッテルダムのクラーリングセ・ボス公園で開催されたヨーロッパ選手権で現実のものとなりました。ユートピアは、グランプリで優勝しました。翌年、ロンドンオリンピックでヴァレグロとシャーロットもなし遂げることですが……。地元オランダチームのアデリンデ・コーネリセン（Adelinde Cornelissen）が2位、ドイツのマティアス・ラス（Matthias Rath）と論争の絶えない「ワンダーホース」トティラス（Totilas）号が3位、そしてシャーロットとヴァレグロが、なんと78パーセントで4位に、そしてその後ろにはローラ・ベクトルシャイマー（Laura Bechtolsheimer）とミストラル・ホイリス（Mistral Hojris）号が1パーセントの差で控えていました。チームとして、史上最高のスコアでした。オランダチームが、ドイツに次いで銅メダルとなったにも関わらず、オランダの観客は、オランダ生まれのこの2頭、ヴァレグロとユートピアをどんなに応援してくれたかは、言葉に現せないほどです。ヴァレグロとシャーロットがグランプリの演技をしている数分間は、私の人生のなかでもっともハラハラした時でした。そして、私はそのほとんどをすすり泣きながら見ていたのです。柱の後ろに隠れながら、ヴァレグロの美しい演技を見ている私の様子はジョン・ストラウド（Jon Stroud）によって、すべて撮られていました。すべてのトレーニング、すべての計画、すべての努力、すべてのプレッシャー、すべてがこの時のためにあったのです。しかし、その後、少しだけ不協和音が出始めました。

2011年ロッテルダムでヴァレグロとシャーロットの演技を見るカール。人生でもっともハラハラした時だったと言う。

史上最高得点でのチーム金メダルに貢献したグランプリ4位の演技。2011年ロッテルダムにて。

そしてロンドンへ | 59

右：遅かれ早かれ、2人だけで臨まなくてはならなくなる。ヴァレグロとシャーロット。ロッテルダムにて。

下：チーム金を獲得。ヴァレグロとシャーロットにとって素晴らしいデビューとなった。

　遠からず、私たちは同じクラスで、似たような時間に競技しなくてはならなくなることは分かっていましたが、グランプリ競技を始めてまだ6カ月しかたっていないヴァレグロとシャーロットに、私のサポートなしで演技に臨めというのは、難しいことでした。私がユティと競技に専念し、スペシャルとフリースタイルで銀メダルを獲得する一方、ヴァレグロの演技は、素晴らしい瞬間もありましたが、集中力を欠いてしまったシャーロットによるたくさんの失敗がありました。そして、フリースタイルでも失敗してしまいました。彼女らしくないことではありましたが、彼女にとって初の大きなチーム戦だったので、当然のことでしたし、すべてが後々のための勉強となりました。私にとっても初めてとなる個人メダルを獲得できたのは、非常に素晴らしいできごとでした。しかし主な目的は、ヴァレグロとシャーロットのコンビで団体金メダルを獲得することだったので、それが実現できて、全員晴れ晴れとした気持ちでした。

そしてロンドンへ | 61

ステファン・クラーク（Stephen Clarke）（写真上：ヴァレグロと）はFEIの審判長であり、元国際ライダーおよびトレーナー。世界でもっとも権威があり、尊敬されるドレッサージュ審判。

考えてみると面白いですね。私はヤングホースクラスでのヴァレグロは強く印象に残り、カールに「あの駈歩を収縮できるものならやってみるといい！」と話しかけたのを覚えています。きっとそのあとカールは「ステファン・クラークめ！」としばらく思ったことでしょう。もちろん、くだんの馬は素晴らしく良く調教されていましたが、彼は生まれながらにして強靭な後躯を持ち、体重を支えられたので、なんでも軽く行っているように見えます。彼は、自身が持っているすべてが強みとなっている、世界で唯一の馬なのです——弱点はありません。本当に怪物のようです。

ヴァレグロとシャーロットが、グランプリレベルをあまり踏まないうちにロンドンオリンピックで金メダルを2つも獲得したのは、まるで夢物語のようです。当時、どうなるか見ものだと思っていましたが、シャーロットとヴァレグロがプレッシャーにも負けず、非常に良い演技をしたことに驚愕しています。それこそ私がもっとも感銘を受けたことです。

2015年ラスベガスのワールドカップのファイナルで、ヴァレグロの演技を審査できたのはとても光栄でした。しかし、思わずうるっとしてしまったのは——観衆の多くも涙を拭いているのが見えました——表彰式でヴァレグロが、あの騒々しい場所で、手綱をゆったりと首にかけ、極上の笑顔を浮かべながらしっかりと直立するのを見た時です。その様子がすべてを物語っていましたね。あの馬は、精神的にも肉体的にも完璧なのです。

ヴァレグロの次の試合は12月のオリンピアでした。この大会はクリスマスの華やかさにあふれていて、また、とても熱狂的な観客の前で乗るのはとても楽しいものです。多くの馬が物見したり、動揺してしまったりしますが、ヴァレグロは冷静でした。彼とシャーロットはグランプリで優勝し、このレベルでの競技の初年として素晴らしい締めくくりとなりました。81パーセントのスコアを獲得し、グランプリ課目で80パーセントの壁を破った初めてのコンビとなりました。もちろん、個人新記録でした。フリースタイルは、最初の3位入賞者——ローラ・ベクトルシャイマーとミストラル・ホイリス、シャーロットとヴァレグロ、そして私とユティ——が皆83パーセント台の僅差で競っていました。結果、ローラが優勝し、オリンピアでのワールドカップ予選競技で優勝した初のイギリス人ライダーとなりました。ヴァレグロは素晴らしい伸長速歩や、見事なピアッフェを披露し、シャーロットは彼の演技にとても満足していました。彼は、グランプリクラスの時よりも興奮していて、最初は少し硬かったようです。そのため、最初の停止で停まりきれず、踏歩変換でも失敗してしまいました。しかし、シャーロットは、それらをもう一度繰り返すことによって、なんとか挽回しました。まだ2回目のグランプリフリースタイルとしては見事な巻き返しでした。一方ヴァレグロは、クラス最年少の9歳でしたが、あのような雰囲気の中、素晴らしい演技を披露したことは信じ難いことです。競技場審判団長であったステファン・クラークは、この結果を「全国民が見た夢の実現」と評しました。

右：ヴァレグロのオリンピアFEIワールドカップ予選競技で2位になった演技。ローラとミストラル・ホイリスが1位、カールとユティが3位となり、全員のスコアが83パーセント台だったイギリス勢が表彰台を独占した。

そしてロンドンへ | 63

　オリンピックイヤーの2012年の始め、私とシャーロットはフロリダで開催される世界馬場馬術マスターズ大会に招待されました。かなり長距離の遠征になるので、これはユティには無理でしたが、妊娠中のオーナー・ライダー、フィオナ・ビッグウッド（Fiona Bigwood）に代わってウィー・アトランティコ（Wie Atlantico）号を連れて行きました。ヴァレグロは旅上手な馬なので、連れていくのに何の問題もなく、彼をアメリカに紹介する良い機会だと思いました。2頭とも問題なく輸送が済み安堵しました。

　ヴァレグロとシャーロットは地元アメリカの人気選手ステファン・ピーターズ（Steffen Peters）とラベル（Ravel）号に次いで僅差の2位となりました。またもや大きな大会だったため、ヴァレグロは興奮していました。何回か大きな失敗をしましたが、アメリカの観衆が、次代のスターホースと言われているヴァレグロを見てエキサイトしているのを、とても嬉しく感じました。

　フリースタイルクラスでは、私とアトランティコ号は4位に終わり、優勝はヴァレグロとラベル号との一騎打ちとなりました。このスポーツは、一人の審判の採点が大きく結果に影響する場合があります。これは、すべてのドレッサージュライダーが受け入れなくてはなりません。さもないと、みんな気が狂ってしまいます。まさにそのようなことがここで起こりました。審判の一人がステファンに大きな点を挙げたことにより、総合的な差は極くわずかにもかかわらず、シャーロットは、80パーセントを下回る結果となってしまいました。ステファンはシャーロットが勝ったと思い、紳士的にお祝いを述べに来てくれていたのにです！しかし、より重要なことは、この旅でヴァレグロが経験を積み、オリンピアより一回り成長したと分かったことです。このグランプリの表彰式で、彼は珍しいことをします。彼が、立ち上がり、ほぼ垂直になった瞬間は心臓が止まりそうでした。以前にも、そして以後にも、彼が立ち上がったのはこの時だけです。

上：アメリカにお披露目されるヴァレグロ。2012年フロリダの世界馬場馬術マスターズ大会の準備馬場にて。

右：フロリダの表彰式で立ち上がり、シャーロットを驚かしたヴァレグロ。後にも先にもこの時1回だけの行動だった。

元オリンピックライダーで、リスト1審判の**パトリシア・"トリッシュ"・ガーディナー**（Patricia 'Trish' Gardiner）FBHS（英国馬術協会フェロー）は、25年以上もグランプリレベルで競技し、1977年から1991年の間は頻繁にイギリス馬場馬術チームに選抜され、カールとベクトルシャイマーのルベリト・フォン・ウンケンルフ（Rubelit von Unkenruf）号といっしょにヨーロッパ馬術選手権に出場した。1988年のソウルオリンピックで、サラブレッドの自馬ウィリー・インプ（Wily Imp）号とイギリス代表となった。その後は、またも素晴らしいサラブレッドのムーン・タイガー（Moon Tiger）号で競技を続けた。

　私は週に2回ヴァレグロで外乗に出ます。私はこの外乗が大好きで、カールがこの機会を与えてくれたことに本当に感謝しています。私はもう馬を所有していないので、ただ外乗しているだけといっても、素晴らしく調教されたドレッサージュホースの強さとパワーを感じられるのは、非常に楽しいことです。カールは一度、馬場内でも騎乗させてくれましたが、その時もすべてが驚くほど素晴らしい体験でした。まだ私の技術がまったく衰えていないことが分かってとても嬉しかったのです！

　ヴァレグロはかわいらしい性格の持ち主で、騎乗中のマナーも完璧です。でも、現役の競技馬の常で、馬装中は少し不機嫌になっていることもあります。彼は、常にやる気満々で、常歩は結構なスピードで進みます。他の馬がそのスピードについてこられないので、非社交的な外乗になってしまいます。彼はとても勇敢なので、他の若い馬といっしょに外乗に出た時は、道路で出会う怖い障害物の脇を通る時も、いつも最初に通って他の馬を助けてくれます。

　彼は、生垣の葉をもぎ取るのも大好きです。食べ物が彼の人生でもっとも大事なものなので当然ですね。彼は誰からも愛される性格で、私はもちろん、すべての人から愛されています。

　イギリスに戻ってからは、演技の微調整と、一貫性の維持、そして潜在的な問題の解決に加え、2012ロンドンオリンピックに向けてヴァレグロの馬体を、各大会ごとに調整するプログラムを組むことに費やしました。同時に外乗や大好きな放牧で、休憩を取らせリラックスさせることにも注意を払いました。この頃には、ユティとブルーベリーの両者の様子もよく分かってきたので、輸送や新しい環境に慣れさせる必要もなく、大会参加は最小限で済みました。しかし、ドイツのオスナブリュック近くのハーゲンで開催される、シーズン最初の屋外大会、ホース・アンド・ドリームズ（Horses and Dreams）は外せない大会でした。この大会は毎年、ある国をテーマにしていますが、この2012年4月のテーマは、「ホース・アンド・ドリーム・ミーツ・ブリテン」でした。ロンドンオリンピックが近いことを考えると当然なテーマでした。

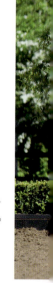

66 | ヴァレグロ　～オリンピック金メダルホースの軌跡～

自宅でのトレーニング。ヴァレグロは週4回馬場でトレーニングする。トレーニング中には休憩と、鼻を掻く時間もたっぷり。

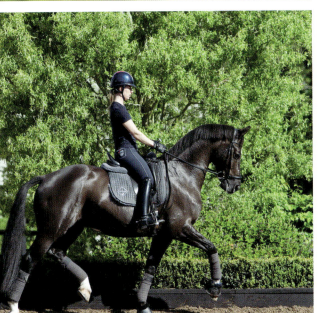

そして、アランやトリッシュとの非常に重要で欠かせない外乗がある。この写真ではトリッシュと外乗中。外乗は水曜日が定番。

ここ「ホース・アンド・ドリームズ」でヴァレグロは、他のメダル候補者にあい、また彼とシャーロットでグランプリスペシャルに挑戦することになります。グランプリスペシャルはオリンピックでもチーム成績にカウントされるため、重要なクラスでした。そして、なんという成績だったのでしょう。ヴァレグロとシャーロットは81パーセントというスコアでグランプリを優勝し、スペシャルでは88パーセントを獲得、世界新記録を打ち立てました。エドワード・ガルとトティラス号の記録を約2パーセントも上回る、このコンビ初の世界新記録でした。流れるような、非の打ちどころのないパフォーマンスで、観ていて素晴らしいの一言でした。同じくらい素晴らしかったのは、私が落ち着いてそれを見ていられたことです！演技の終わりに、コメンテーターがスタンディングオベーションをうながし、観客もそれに応えて総立ちになりました。シャーロットは表彰式で涙をこらえるのが大変でした。彼女は良い演技をしたことは分かっていても、スコアボードが見えなかったので、私が教えるまで結果を知らなかったのです。彼女は、「信じられない」と言い、言葉を失いました。

ホース・アンド・ドリームズでのサウンドトラックに、ヴァレグロの新しいフリースタイル用の音楽のヒントを得ました。トム・ハントが編成したビッグ・ベンプログラムです。シャーロットとヴァレグロはこの新しいルーチンと音楽を、8月のオリンピック前の最後の大会となる、地元グロスタシャーのハーピュリーで、初披露します。シャーロットとヴァレグロを100パーセントサポートするために、私はユティを連れて行きませんでした。ハーピュリーとオリンピックの間には2週間程しかなかったので、シャーロットに十二分な自信をつけてオリンピックに臨んでもらいたかったのと、ヴァレグロで高得点を出して欲しかったのです。ハーゲンのグランプリスペシャルで、ヴァレグロにはもっと上の可能性が見えたからです。ヴァレグロの中にはまだまだ何かが潜んでいました。

上：ハーゲンでアリーナに向かうチーム。シャーロットに最後の励ましを贈るカール。

右：感動で圧倒されているシャーロットに代わってヴァレグロを持つアラン。表彰式にて。

上：最初の世界新記録。2012年ハーゲンのグランプリスペシャルにて。

中：唇をかんで涙をこらえるシャーロット。トレーナーも同様に涙をこらえていた。

右：ニンジンをいただくヴァレグロ。

そしてロンドンへ | 71

マリベル・アロンソ（Maribel Alonso）は5スターFEI馬場馬術審判で、2014年からFEI馬場馬術委員を務める。審判や、オリンピックやその他の大きな競技会で、技術監督を務めるだけでなく、オリンピック参加資格を得られるよう、パン・アメリカン大会の競技基準を引き挙げる運動を率い、アメリカ大陸の馬場馬術の発展に貢献した。皆から愛され、尊敬される審判である。また、その素敵なファッションでも知られている。

　私は2010年のサンシャイン・ツアーで、ヴァレグロとシャーロットを初めて見ました。このコンビがグランプリレベルに移る前のシーズンで、どんなコンビかも知らず、このスペイン南部のツアーにやってくる多くのイギリスコンビの中の1組程度に思っていました。

　彼らのクラスを審判することはありませんでしたが、その日は仕事が入っていなかったので、セントジョージ賞典クラスを見に行きました。ヴァレグロは優勝しましたが、演技はそれほどスムーズではなかったので、その上のインターメディエイトIクラスでは勝てませんでした。しかし、この馬が私に感じさせた気持ちと比べれば、これらのことはまったく関係ありません。

　どう言葉で表していいのか分かりませんが、パワーと優雅さ、調和と軽快さ、エラスティシティー（弾力性）と柔らかさ、すべてが混ざり合って、ただただ美しかったのです。

　この馬の持つパワーと若い年齢を知りながら、このパワフルな馬が、スリムでエレガントで、決して大きくはない若いライダーに騎乗されるのを見て、私は驚きを隠せませんでした。彼は、真の紳士のようにふるまっていました。

　この時私が目撃した馬とライダー間の止まない会話、信頼関係や絆は、今でも印象に残っています。

　ヴァレグロのずば抜けた身体能力はさまざまな言葉で言い表されてきましたが、彼の頭脳と心は、地球ほど大きいのです。私は、シャーロットのために全力を尽くすことを、ヴァレグロ自身が選んだのだと感じています。彼女は、疑いの余地なく才能のあるライダーで、馬をリードする能力があります。そこに、カール・ヘスターのような優れたトレーナーの素晴らしい才能を加えれば、このコンビが何度も何度も、人びとを魅了する演技を続けられる訳です。

　カールとシャーロット。この二人は馬場馬術史に特別な1章を書いていると言えるでしょう。

　私にとって、このトリオの組み合わせは、神様が仕組んだものだと思っています。

上：マリベル・アロンソ。

右：歴史の創造者——カール、シャーロットとヴァレグロのドリームチーム。

そしてロンドンへ | 73

ウィニー・マーフィー（Winnie Murphy）（写真下）は英国馬場馬術協会（British Dressage = BD）のマーケティングマネージャーである。ジャーナリストに対応し、地元や国内のメディアにBDのニュースを配信し、常にこの競技を宣伝している。国際大会ではライダーのプロフィールを書いたり、更新したりもする。BDの出店、メンバー用テント、バナーなどを担当。英国馬場馬術の雑誌やウェブサイトにも関与するだけでなく、全国紙にて主要な大会の宣伝も行う。そして、もちろん、ヴァレグロとシャーロットに関しては、メディアがまず最初にコンタクトする女性だ。ゆえに、彼女はとても忙しい。

2011年3月のBDの勤務初日、私はウィル・コネル（Will Connell）のオフィスに呼ばれました。シャーロットとヴァレグロは、ヴィドーバンで初めての国際大会（CDI）に参加し、すべてを優勝したところでした。ウィルは大げさにしないようにと言いました。もちろんこのペアは人びとの話題に登っていましたが、彼らの実力が証明されるには、まだ時期尚早だと思ったのです。私も当然だと思いました。今では笑い話です。そのあとに起こることをまったく予期していなかったのですから！

たまに、ヴァレグロが実際に話せて、彼自身でインタビューに答えてくれないかな、と思う時があります。きっとシャーロットもたまに思うでしょう！彼は、雄弁かつ洗練されていて、みんなが欲しがる名文句を振りまき、ハリウッド映画にでも使えそうな物語を語りながらも、控えめで、決して強気ではないはずです。魅力的なインタビューになると思いませんか？クレア・ボールディング（Clare Balding）（訳者注：イギリスの有名な女性スポーツインタビュアー）のソファに座って、喜々として話している様子が浮かびます。ヴァレグロとシャーロットはメディアの寵児となりました。田舎の普通の女の子が、「規格を通らなかった」格安の馬と出会い、生涯のパートナーシップが始まる……（スピルバーグ監督はこの本を読んでくれるかしら？）ヴァレグロは馬場馬術の素晴らしさをメディアに紹介し、メディアは魅了されずにはいられませんでした。

馬のアスリートとして、ヴァレグロは馬場馬術界に革命を起こしました。彼のマナー、動き方、存在感、仕事のとらえ方、圧倒的な力の抜け方に匹敵する馬は他になく、これからも出てこないでしょう。同じことがトティラス号の時代にも言われましたが、ヴァレグロはさらに完璧です。すべての条件をクリアし、すべての基準を満たし、すべてのトレーニングの段階を完璧にこなしました。

彼は特別に優れていますが、この成果はチームワークの賜物で、私はカールとシャーロットのトレーニング、マネジメントと献身を通じて、ヴァレグロの可能性が花開いたのだと固く信じています。そして、それはこれからも続いていくでしょう。ここ何年かの間、馬術界には、ミルトン（Milton）号、デザート・オーキッド（Desert Orchid）号やマーフィー・ヒムセルフ（Murphy Himself）号のように（私の年がばれちゃうわね）ティーンエイジャーの部屋の壁に貼られる馬のピンナップアイドルがいませんでした。今では、ヴァレグロのポスターが国中の壁に貼られています。同様に、少女が次のシャーロットとヴァレグロになるべく、自分の小さなウェルシュ・ポニーと、憧れのアイドルのように踊り、何時間も練習する様子が見られるようになりました。ヴァレグロとシャーロットは、馬場馬術を新しい段階へと引き上げました。彼らは才能、容易さと天然の能力で、この伝統的なスポーツに彼らの足跡を刻みました。同時に、このスポーツをモダンにし、新しい観衆を引き入れたのです。カールはヴァレグロを「ザ・プロフェッサー」と呼んでいます。彼の馬場馬術に対する能力、習熟度や知識を集大成するのに相応しい呼び名ですが、このスポーツを変容させたことからすると、「革命児」と呼ぶべきかもしれません。

私は舞台裏を見られ、本当のヴァレグロを覗きみる特権がありました。その結果分かったことは、彼は皆さんが思うように本当に特別な馬だということです。優しく、穏やかで、たまにちょっと悪戯好きで、なにか偉大なオーラを持っています。彼の離れた目、角ばった頬骨、細い鼻面の風変わりな顔つきは独特ですが、彼を見つめたら笑顔にならずにはいられないのです。そして、彼が微笑み返していると感じるでしょう。

上:ヴァレグロさん、インタビューいいですか？

左:このTVの取材には、アランが答えています。アランの数あるインタビューの中のひとつ。

そしてロンドンへ | 75

ヴァレグロを世界中の大会に連れて行くには、入念な計画と綿密な管理が必要となる。この任務を当初から担当したのは、カールのパーソナルアシスタントの**クロウディン・ビシャード**（Claudine Bichard）である。クロウディンは2000年からカールとカールの馬たちの予定を管理している。この仕事と合わせて、彼女は自分も騎乗するだけでなく、家族の世話もしている。

　毎年の始めに、ヴァレグロのパスポートに最新の情報が載っているかチェックします。競技会に参加するためには、FEIへ登録しなくてはなりませんし、英国馬場馬術協会（BD）のメンバーシップも更新しなくてはなりません。

　また、同じく年の始めに、カールと次の10から12カ月間の競技会の予定を打ち合わせ、私がその予定をBDに申請します。その予定に合わせて、国際大会へのエントリーも行います。大会のスケジュールが発表されるとすぐに、各大会の必要事項をすべて記載して、BD経由でエントリーを行います。ヴァレグロの入厩日、退厩日、パスポート番号、馬主の詳細や特別リクエストなど。カールは最近、2馬房要求するようになりました。

　初期エントリーが受理されると、次はFEIのデータベースに入って、それを確定します。次は、輸送計画を練らなくてはなりません。国内やヨーロッパでの大会は、比較的簡単です。ヨーロッパに渡る手段を、ブルーベリーとアラン、そして馬運車の分だけ抑えればいいだけですから。渡航と健康証明書の手配はエクイン・ロジスティック・カンパニーのリディア・ボールト（Lydia Boult）が行います。アランとブルーベリーは、悪天候で渡航できない状況を避けるため、ユーロトンネルを使って大陸に渡るルートを選んでいます。

　目的地によっては、獣医のティム・ビュレガード（Tim Beauregard）が、ブルーベリーの出発の前に、輸送に必要な書類を調べ、すべての情報が正しいことをチェックします。健康証明書はDefra（環境食料農村地域省）を通じて依頼します。この書類の他に、イギリスを出入国するための輸出許可も必要になります。ブルーベリーが競技会から戻ると、すべての書類を集め、輸出許可証は6カ月間保管します。この間、Defraの監査が入るかもしれないからです。ワールドクラス・パフォーマンス・プランに入っているアスリートは旅費や競技会費用を一部負担してもらえることになっていますので、遠征に掛かった費用の領収書も集めて確認します。

　以上に加えて、スポンサーとの連絡や、ブルーベリーのファンによる厩舎訪問のアレンジ、チャリティーイベントの手配なども行います。たまに、みんなのランチを作ることもありますよ。

76 | ヴァレグロ 〜オリンピック金メダルホースの軌跡〜

上・中下・右下：大きな馬運車での長距離移動でも、近距離の旅でも、アランはいつでもヴァレグロがベストコンディションで目的地に到着するようにしている。

左下：遠征の詳細をチェックするクロウディン・ビシャードとカール。

そしてロンドンへ | 77

ブルーベリーと書かれた自宅厩舎の頭絡かけ。ヴァレグロは自宅ではブルーベリーと呼ばれている。そしてこのような煌びやかな頭絡を使っている。

そしてロンドンへ | 79

5 全力投球

夢が現実となった2012年ロンドンオリンピック大会の
グリニッジ・パーク。

準備万端整えた後、あの8月、我々はオリンピック会場にいました。地元ロンドンで開催されるこの大会を目指して精進に精進を重ねてきたのです。ただグリニッジに行くためだけではなく、メダルを獲得するために。ヴァレグロとシャーロットが、個人金メダルを獲得するチャンスがあるということにワクワクすると同時に、不安もいっぱいでした。

初日にユティと私が77.72パーセント、ローラ・ベクトルシャイマーとミストラル・ホイリス（アルフ）号が76.83パーセントを出した後の、イギリスチームの3番手がシャーロットとヴァレグロでした。彼らは落ち着いていましたが、少なくとも、二人が観衆の拍手のなかに軽速歩で出ていくまでは、私は落ち着いていられませんでした。シャーロットが彼を導き、ヴァレグロが彼の歩様を披露するのを見ながら、私の心は誇りで満たされていきました。彼らは83.784パーセントのスコアでグランプリのオリンピック新記録を樹立しました。シャーロットは無邪気な新人オリンピアンとしてロンドン大会に来ましたが、その時すべてを堪能し、目いっぱい楽しんでいました。

団体の結果はフリースタイルスペシャルの後で発表されるので、まだこの段階ではメダル獲得の行方はわかりませんでした。スペシャルの前の休みの日に、なんとイギリス障害飛越チームが団体金メダルを獲得し、馬場馬術チームへのプレッシャーがさらに上がりました。そして当日、私はユートピアとすべてを出し切りました。ローラもアルフとのスコアを2パーセントも伸ばし、最後に再びシャーロットとヴァレグロにすべてがゆだねられたのです。この驚くべき馬はすべてを出し切り、金メダルを獲得し、イギリス馬場馬術チームに初のオリンピックメダルをもたらしました。最終選手のスコアがアナウンスされた時、新たな歴史が刻まれ、観衆は大歓声を挙げました。もちろん、雰囲気は最高潮に達していました。私は、ユニオンジャックを振りながら声援を送る観客の前に出ることなど、想像したこともありませんでしたが、これは夢ではありません。この時の声援の渦は最高でしたが、それを実現してくれたのは、誰あろうヴァレグロだったのです。

82 | VALEGRO *Champion Horse*

上：変ることなくヴァレグロとシャーロットの傍らにはアランがいる。

右：すべての競技会は、「トロット・アップ」と呼ばれる馬体検査から始まる。

下：アン王女（赤い帽子）を含むイギリス応援団から惜しみない拍手が送られる。

全力投球 | 83

フィオナ・ローレンス（Fiona Lawrence）（写真上）はカールのグロスタシャーのステーブルマネージャーである。

「ブルーブス」について特筆すべきは、彼はカメラ写りが良いのを自覚していながらも、とても素朴なことだと私は思います。彼は、私がカールの厩舎に来て最初に乗った馬なので、はっきりと記憶しています。運動を本当に楽しんでいたことを、素敵だと思った記憶があります。また生垣の向こうや、横道の中をのぞき込むことを楽しんでいました。

私が彼を初めて連れて行った試合は、2008年のチェシャー州ソマーフォードパークのエレメンタリー（初級）とミディアム（中級）の地方大会でした。彼はアリーナ内での経験を非常に楽しみ、自分が特別であることを彼自身も感じていたと思います。彼は両クラスともに優勝しました。

運動と同じぐらい彼は食べることが大好きです。自分のヘイネットがぶら下がっていても、自分の馬房の前を運ばれる他の馬のヘイネットを、必ず一口食べようとするのです。

リンゴが地面に落ちている季節の引き馬での散歩の際、口が届かないと、届くまで脚で蹴ろうとします。見ていて、非常に愉快ですよ。さらに、車道に落葉があると、掃除機のように吸い込みます。口が動いていないのに、次々と葉っぱが消えていくのです。

彼がグランプリレベルになるまでのすべての大会と、そしてもちろんロッテルダムのヨーロッパ選手権、そしてオリンピックに、グルームとして帯同できたことは、本当に恵まれていたと思っています。

私たちには、個人決勝となるフリースタイル（キュア）の木曜日の前に1日空きがありました。私とシャーロットとヴァレグロの練習セッションを行う前に、私はユティと、総合馬術選手用に設けられた坂路を駈けました。グリニッジの設備はとても見事でイギリスチームはまとまって一厩舎に入るように配置されていました（うるさいスピーカーからも離れていて、助かりました）。馬たちは、厩舎にすぐ慣れ、アランとステーブルマネージャーのフィオナ・ローレンスは、馬たちが、ご飯さえあればリラックスして過ごせる環境だと分かりました。特に食いしん坊のヴァレグロにとっては。馬房にはそれぞれ扇風機が設置され、暑くなりすぎることもありませんでした。グルームたちは、マグネット付き馬着を使って、運動前に筋肉をウォームアップしたり、運動後は筋肉をリラックスさせたりしていました。

シャーロットはヴァレグロの新しいフリースタイルの最終経路を1回しか試したことがなかったので、当然、練習不足を感じていました。個人でのメダルを狙うには難易度の高い技を入れる必要がありましたが、この時点でもまだ、一番最後のピアッフェのピルーエットを入れるか入れないか、決めかねていました。結果的に、この最後のピルーエットが、シャーロットがちょっとだけミスをした唯一の技でした。ヴァレグロはまだわずか10歳で、ピルーエットは彼にはまだ目新しい技だったのです。最初から、ヴァレグロはどこに行くのかが分かっている方が好きで、課目も覚えている方が好きなのです（もちろん、グランプリとスペシャルに関しては彼は暗記していました）が、練習時のできに満足していたため、やってみることにしました。

右：金メダル！素晴らしい速歩を披露するヴァレグロ。

ジェニー・ロリストン - クラーク（Jennie Loriston-Clarke）MBE　FBHS は、何年にもわたりイギリス馬場馬術界を率いてきた先駆者である。1978年にグッドウッドで、イギリスにとって初となる世界選手権のメダル（銅）をダッチ・カレッジ（Dutch Courage）号と獲得した。イギリス代表として4回もオリンピックに参加し、カールが団体デビューを果たした1990年ストックホルムの世界選手権にも参加。馬場馬術と総合馬術のFEI審判でもあり、1995年に国際競技から引退してからは、馬やライダーのトレーニング、審判、スチュワード、そして夫のアンソニーといっしょにカサーストンスタッドで繁殖業務にも多くの時間を費やしている。英国馬場馬術協会の議長を務め、今は最高責任者となっている。2012年ロンドンオリンピックでは、FEIスチュワードを務めた。

　私が最初にヴァレグロを見たのは4歳の全英大会の時です。セン馬なのに、なんて存在感があるのだろうと思ったものです。印象的なパワーでしたが、かなり強いように見えました。前進気勢があり、耳は正面を向き、常に騎乗者の味方でしたね。ダッチ・カレッジ号やダッチ・ゴールド（Dutch Gold）号のように、いやそれ以上ですね。こういう馬が頂点を極めるのです。

　周りがどう騒ごうとも、ヴァレグロは常に冷静です。特に課目を終えた後は、まるで演技がうまくいったのを満足しているかのようです。ロンドンオリンピックでの彼は素晴らしかった。アーヘンで彼が失敗し、観客が息を飲む様を見るのは興味深かったです。私は、馬たちは、何かが間違ったと感じると、不安になると思っています。明らかに馬だって失敗したくないのです。シャーロットにとっては試練だったと思いますが、それでも他の人馬よりは大分ましだったことを忘れてはいけません。

　シャーロットとヴァレグロの信頼関係は素晴らしいものです。私は、自らはヴァレグロに騎乗しなかったカールを大変心の広い人だと思います。カールでもヴァレグロを見事に乗りこなせたとは思いますが、ちょっと背が高く見え過ぎちゃうかもしれません。シャーロットは本当にラッキーガールだと思います。

　私はヴァレグロを審査したことがなく、この先もすることはないと思いますが、オリンピックでフリースタイルの結果がアナウンスされた時、私はスチュワードをしていました。本当に、信じられませんでした！ドイツを打ち負かす日が来るなんて、20年前には思いもよらなかったことです。スチュワードとして、いろいろなトレーニング方法を見てきました。興味深いことに、名前は挙げませんが、馬をかなり激しく運動させる国々もあるのですが、英国チームは見ていて気持ちが良いということです。この違いが明らかになって本当に良かったと思います。ヴァレグロの血縁――とくに牡馬のユージニアス（U-Genius）号などがイギリス産馬のよい代表例となることを願っています。

　個人課目のフリースタイルはオリンピック馬術の最終競技だったため、スタジアムには一番賑やかな大観衆が押し寄せていました。それに比べて、厩舎や舞台裏は、静かで空っぽで不気味な雰囲気を醸し出していました。

　私は目標をすでに成し遂げ、イギリスに団体金メダルをもたらすことができたので、ユティと私は、メダル獲得のプレッシャーを感じることなく、楽しく競技できました。そして、馬から飛び降り、シャーロットとヴァレグロの応援に駆け付けたのです。オランダ代表のアデリンデ・コーネリセンとパージバル（Parzival）号が88パーセントというスコアを出していました。このスコアを抜くためには、ヴァレグロに失敗は許されないと思っていました。ところが、失敗があったのです。終盤のピアッフェのピルーエットの際に意思の疎通が上手くいきませんでした。大したことではありませんが、金メダルがか

上：ジェニー・ロリストン - クラーク。

全神経を集中させるシャーロットとヴァレグロ。

かっている場合は、これが決め手になるかもしれませんでした。我々はあきらめ気味でしたが、落ち着いていました。がっかりはしていませんでした。そして、誰かがスタンドから身を乗り出して、「やったよ！」と叫び、観客が大騒ぎしました。シャーロットはむせび泣いていました。本当を言うと、全員が泣いていたのです。

ヴァレグロを知る誰もが、彼がすべての力を出し切って頑張ったことを見て取りました。彼は、かなり疲れていました。30分ほど待ってから表彰式でした。トップ3のみが入場しました。ヴァレグロとパージバル、そしてローラと銅メダルを獲得したアルフです。馬たちが入場する前に、スタンドでは観衆によるウェーブが行われ、会場の興奮は最高潮となっていました。ヴァレグロはその喜びの中で、不動の体勢で立っていました。フィオナの指の間に挟んだ角砂糖をゆっくりなめさせ、アランが首を愛撫し、ふたりがかりでヴァレグロをなだめていました。そのせいか、ヴァレグロはセレモニー中、ずっと紳士的にふるまっていました。

大会の後は、また自宅での放牧と外乗の生活に戻りました。数年前ならイギリス人ライダーでは成しえないと思われていたことをやりと遂げた馬の休息期間です。そして、もちろん、ヴァレグロは誰もが知る有名人となったのです。

オリンピックに行くことができなかった人たちにも、ヴァレグロに会うチャンスを持ってもらうのと同時に、この素晴らしい1年をオリンピアで締めくくるのは、良いアイデアのように思えました。天候は、パリッと寒くてちょうど良く、私たちはみなクリスマス気分に浮かれていました。シャーロットは風邪をひいていたにも関わらず、ヴァレグロで美しいグランプリ課目を披露し、続いてオリンピックのフリースタイル課目を再現して、ワールドカップ予選競技を勝ちました。決して彼らのベストの演技とは言えず、ヴァレグロがいくらプロフェッサーと言われてもいても、機械ではなく、ちゃんと乗り込みが必要だということを再認識する良い機会にもなりました。表彰式ではトップ3でしたが、私のライバルで良き友人であり、私がもっとも尊敬するライダーの一人、ドイツのイザベル・ワースが、私とシャーロットの間にいたのです。

オリンピックの年はこうして幕を閉じ、ヴァレグロは世界の頂点に立っていたのです。

リチャード・デービソンは、ベテランのオリンピック競技者で、2012年ロンドンオリンピックのイギリス団体チームメンバーだった。

　ロンドンオリンピックの最後の個人メダルクラスの時、私とカールは並んで、準備馬場から本馬場まで歩いていきました。アデリンデ・コーネリセンの演技が終わったところで、出入り口の周りにいた人たちがみんな、素晴らしい演技だったと教えてくれました。私とカールは、ヴァレグロのフリースタイルをまるで自分が演技しているかのように見守りました。ベストな視野を得ようと、人垣の上に首を伸ばしたり、曲げたりしながらね。課目の中には、1、2回「あっ」と思う瞬間がありました。みんながアデリンデの演技のすごさを知っていたので、私たちはお互いを見やり、個人銀メダルでもメダル獲得の夢が実現したじゃないかと慰めあったのです。しかし、それから1、2分後、準備馬場の上にあった放送席から誰かが身を乗り出し、「金だ！シャーロットが金メダルだ！」と叫んだのです。それは、非日常的な体験で、今でも夢をみていたのかと思うほどです。

　オリンピック後、みんなで数日、サーク島へ行きました。半分お祝いするため、半分リラックスするため、そしてサーク島のみんなが島出身のカールとこの喜びを分かち合うためのホリデーでした。しかし、ヴァレグロに関わる人びとは、素直に喜んでもいられませんでした。ヴァレグロが売られる可能性が強くなってきたからです。

　私はシャーロットと長い会話をしたことを覚えています。彼女の心は、当然ながら千々に乱れていました。オリンピックチャンピオンになったばかりで、同時に最高のパートナーのヴァレグロを失う悪夢に直面していたのですから。

中上：ついに成し遂げた！──イギリスドレッサージュチーム、初のオリンピック団体メダルは、自国ロンドンでの金でした。観客に手を振るカール、ローラ・ベクトルシャイマー、シャーロット。

右下：メディアも夢中になった。

左下：抱き合うカールとシャーロット。

イザベル・ワース（写真上）は1991年に国際デビューしてから常に馬場馬術界のトップに君臨してきた。オリンピックで4個、世界選手権で3個、ヨーロッパ選手権で7個も団体金メダルを獲得。さらに個人では、1996年にオリンピック金メダル、ヨーロッパ選手権で金メダル5個、世界選手権で3回の優勝。驚異的な国際成績である。また、自国ドイツでは、国内チャンピオンに8回もなっている（記録はいずれも執筆時）。世界一の馬場馬術ライダーとして、イザベルはトップになるためだけではなく、トップであり続けるためのプレッシャーもよく理解している。

　ヴァレグロの成長は印象的でした。彼がグランプリデビューを果たしたヴィドーバンの後に、この新しい面白い馬の話を聞きました。彼を実際に観たのは2011年のロッテルダムでした。コンビを組む若い女の子——シャーロットが気楽に、どうってことないような態度でいたことを興味深く見ていました。そして、他にはカールとユートピア号もいて、このスーパーホース2頭がいれば、完璧なタイミングでロンドンオリンピックに臨めることは明らかでした。正に、スーパーストーリーの始まりでした。場所、タイミング、そして、スーパーホースたち。イギリスにとって素晴らしいことが起こる要因がすべて揃っていました。
　シャーロットは、カールの元でこそ、ヴァレグロと成長できました。カールが、彼のプロフェッショナルなチームと、ステップバイステップで、シャーロットを導いたのはとても良いことです。そして、シャーロットはみんなの期待というプレッシャーに負けないだけの精神力を持っていました。「勝つかしら？勝たないかしら？絶対勝たないと！」というプレッシャーです。カールがメンターとして彼らを常にサポートし、万事が上手くいくように仕向けた素晴らしいコンビです。彼らのチームワークは、見ているこちらも嬉しくなるものでした。
　シャーロットは、数年前のちょっと不安だったころと異なり、今ではヴァレグロからトップパフォーマンスを引き出すことができます。この経験を経て、すごく良いルーチンができあがり、どこに出ても存分に戦えるようになりました。もちろん、彼らが失敗してしまったアーヘンは、彼もただの馬で、彼女も普通のライダーであることを証明しただけです。どちらも間違えがないなんてことはないのです。
　もちろん、他の馬も台頭してくるでしょう。でも今この時、ヴァレグロに挑むことがみんなの目標になりました。ちょっと前は、みんながドイツ人を破ることを目標としていました。そして、ロンドンオリンピックでそれが実現したのです。スポーツは一国だけで完結するものではありません。スポーツそのものが常にエキサイティングであり続けなければなりません。我々は馬場馬術をグローバルな競技にしたいと願い続けて、今まさにそのようになったのです。イギリスのスポーツ業界にとっても素晴らしいですし、何よりも、スポーツ業界全体にとって素晴らしいことです。馬をトップレベルまで調教し、さらにそのレベルをキープするには、綿密なマネジメントが必要です。カールの絶大な才能があってこそなしえたことです。この素晴らしい成功物語を、目の前で見守れたことを嬉しく思います。

全力投球 | 89

　作曲家で音楽プロデューサーの**トム・ハント**は、ヴァレグロのすべてのフリースタイルの音楽をプロデュースする。ヴァレグロがトップに立つと同時に、トムもまた世界でもっとも売れっ子の馬場馬術フリースタイルの作曲家としてトップに立った。テレビや映画音楽も作曲している。

　シャーロットと初めて交わした会話は今でも鮮明に思い出せます。2011年の春で、私はジムからの帰りでした。携帯が鳴ったので、車を停め、誰からだろうとドキドキしていました。連絡が入ることは分かっていましたが、それでもドキドキは収まりませんでした。
　フリースタイル・ドレッサージュのための作曲は、2010年のマイケル・イルバーグ（Michael Eilberg）に作った音楽が初めてでした。この作品を通じて、カールの元でトレーニングを受けているレベッカ・ヒューズ（Rebecca Hughes）と知り合い、彼女がシャーロット・デュジャルダンという新進気鋭のイギリス人ライダーから連絡が入るかもしれないと教えてくれていたのです。レベッカが私の番号をシャーロットに渡してくれたことを、私は一生感謝し続けるでしょう。シャーロットは2011年ロッテルダムのヨーロッパ選手権のフリースタイル用の音楽を必要としていました。これが、私たちの音楽の旅の始まりでした。
　私が「生」のヴァレグロを見たのは2011年のヒックステッドでした。彼がリングで見せたパワーと存在感に私は圧倒されてしまいました。シャーロットはグランプリ課目を踏んでいました。もちろん、音楽無しだったので、僕にとって、ヴァレグロの移行や歩様の動きをじっくりと観察する良い機会でした。シャーロットとヴァレグロの、完璧に調和し、それなのにいとも簡単にやっているように見える動きは、私を魅了しました。その年にグランプリレベルを始めたばかりの人馬だとはとても信じられませんでした。
　ヴァレグロのような馬から音楽的インスピレーションを得ることは、決して難しくはありません。フリースタイルのルーチンを考えている時は、私は馬と、その動き方、ライダーへのレスポンスを見ます。そして、馬のサイズとその騎乗スタイル、さらに課目中でもっともスコアが伸びそうな箇所も考慮します。以上の点が音楽の方向性を決める際に私がフォーカスする部分です。ヴァレグロの音楽を作り始めた時、私は彼の動きに見合うような、大胆でパワフル、音がはっきりしている音楽を求めていました。
　ヴァレグロの圧倒的な存在感を表現するような音楽が必要でした。彼の音楽を作る際に学んだ一番の教訓は、フリースタイル課目における音楽のダイナミズムの重要性と、馬を際立たせるだけでなく、観客の心をつかみ、想像を掻き立てる音楽的なストーリーを作ることです。
　ヴァレグロはとてもエキサイティングな馬で、音楽はこの点を強調する必要がありました。ヴァレグロの最初のフリースタイルの作曲には、短期間で多くを学ばねばなりませんでした。そのため私はロッテルダムに同行しました。

左：シャーロットとサポートに駆け付けた親友イアン・キャスト（Ian Cast）。

上：誇らしげなヴァレグロの生産者。ヨープとマルティエ・ハンセ夫妻はこのオリンピックでの勝利を見届けた。

右：音楽を担当したトム・ハントとゴールデンガールのシャーロット。

　私が選んだ音楽性やスタイルについての自信はありましたが、人びとがどのように反応するか、私と同じように感じてくれるかどうか非常に不安でした。特にヴァレグロにとって、シャーロットとの初めてのフリースタイル課目だったため、なおさらでした。

　結果としては、かなり複雑でした。ロッテルダムの後、ヴァレグロを魅せる方法と、音楽を通じて彼の動きの感情を引き出す方法にもっと集中する必要があることが明確になりました。この馬を定義するようなテーマと、明確なスタイルが必要でした。

　2014年のアムステルダムで、シャーロットとヴァレグロが再披露した音楽「ヒックとドラゴン」のテーマは、実は最初は2011年のオリンピアでの音楽でした。このオリンピアでは、ロッテルダムのヨーロッパ選手権で完璧とは言い難かった音楽スタイルを、発展させようとしている未完成の段階でした。しかし同時に、2012年のオリンピックも近づいてきていたため、このテーマに時間を割けず、オリンピック用の音楽に集中することになりました。2年後の2014年に、シャーロットとカールがリヨンのワールドカップ・ファイナルと、ノルマンディーの世界選手権大会用のルーチンをデザインした時、私は2011年に手を付けた「ヒックとドラゴン」のテーマにもう一度挑戦したいと思っていました。2011年のフリースタイル課目では、バラバラなパーツでつないでいたプログラムを今回は一貫した音楽のテーマとすることに力を入れました。

　オリンピック用の楽曲はまた別の話になります。2012年の早い段階で、ハーゲンでシャーロットをサポートしていた、親友のイアン・キャストからメッセージが入りました。ヴァレグロはグランプリスペシャルの世界新記録を出したばかりで、もちろんそれはすごいことで、私はイアンのメッセージはそのことについてかと思いました。しかし実際には、シャーロットの次のフリースタイル、つまり、オリンピックでのフリースタイルに関する音楽とテーマ性についてでした。

　イアンは、ヴァレグロのハーゲンでのスペシャル課目の後ろで流れている楽曲の映画「大脱走」のテーマが、ヴァレグロのパッサージュにぴったり合っていると言いました。シャーロットがドイツから戻ると、私はヴァレグロのパッサージュを含むさまざまな歩様のビデオを受け取り、動きとリズムを解析しながら、あの大脱走のテーマを試してみました。初めは、この音楽でヴァレグロの強さと動きをサポートできるかと半信半疑でしたが、結果はイアンの言った通り、見事にぴったりと合って素晴らしいものとなりました。そしてシャーロットに短いデモビデオを送ったところ、「すごく気に入ったわ。素晴らしい！」と。

　シャーロットと組んだ数年のうちで、私が学んだことの1つは、彼女から得たような手ごたえを感じられたら、絶対に追求する価値があるということです！この「大脱走」のテーマが先駆けとなり、ロンドンオリンピックとイギリスを祝福するフリースタイル、オリンピック用の音楽のスタイルが決定しました。

右：有名になった「手綱なし退場」。観客の惜しみない拍手を謙虚に受け止めるヴァレグロ。

下：「グッドボーイ、ブルーベリー！」

6 金メダルの余韻

2012年オリンピア。
地元ファンが再びヴァレグロを応援できる機会だった。

ロッテルダム選手権大会は障害馬術と馬場馬術のネーションズカップを含むCHIOの大会で、オランダでもっとも古く、もっとも愛されているスポーツイベントです。2013年6月、私たちはその年の初競技として、ヴァレグロがチームデビューを果たしたクラーリングセ・ボス公園を再び訪れました。ヴァレグロは前年12月のオリンピア以来、一度も競技に出場しておらず、身体がなまっているわけではありませんでしたが、決して完璧ではなく、大会に向けての調整も充分ではなく、まだ粗削りな部分がありました。それにも関わらず、彼は良いスコアを取りました。セルフキャリッジが完璧ではなかったにもかかわらず、グランプリとフリースタイルの双方で優勝し、シャーロット、ギャレス・ヒューズ（Gareth Hughes）、ダニエル・ワトソン（Daniel Watson）と私からなるイギリスチームは、団体としても優勝しました。2カ月後のデンマークのヘアニングで開催されるヨーロッパ選手権に向けて、課題は山積みでしたが、何が問題でどのように解決すべきかが明確になりました。

右上：2012年、オリンピアにて。

下：フリースタイルではいくつか失敗もあったが、ヴァレグロのオリンピック課目の勝利が再現された。

左下・右下：作曲家トム・ハントは、ヴァレグロを際立たせるだけでなく、観客の心をつかみ、想像を掻き立てる音楽の世界を作った。

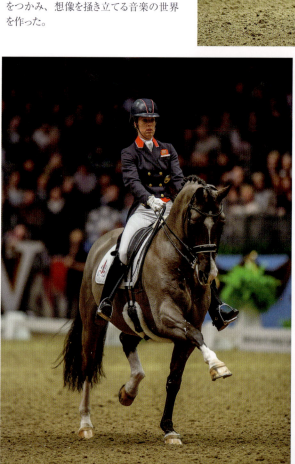

96 | ヴァレグロ ～オリンピック金メダルホースの軌跡～

金メダルの余韻 | 97

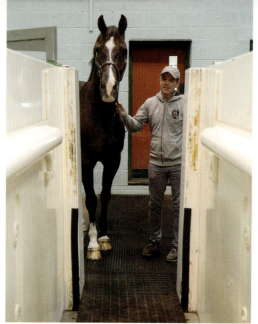

　私たちの次の試合は、8月上旬に開催されるヒックステッドの大会で、これがヨーロッパ選手権前の最後の大会でした。私は自宅で転倒するという、くだらない事故で背中を痛めてしまい、私自身のトレーニングにはかなりの緊迫感が漂っていました。それに引き換え、ヴァレグロのトレーニングはとても順調で、コンディションは相当良くなったように見えました。この頃、私たちはヴァレグロとユティ両方を週に2回、ハーピュリーのウォータートレッドミル（水中ランニングマシン）で運動させ始めました。これは彼らの筋肉をトーンアップするのに素晴らしく役に立ちました。選手権の3課目をこなすには、馬は筋肉的にも良いコンディションである必要があります。背中に負荷をかけずに、また脚にも負荷が少ない状態の水中での運動は、人間がジムで体幹と腹筋を鍛える負荷トレーニングをしているのと似ています。

左上：ハーピュリーのウォータートレッドミルにヴァレグロを誘導するアラン。

左：フィズ・マーシャルとアランがヴァレグロのウォータートレッドミルのエクササイズを監督する。

右：フィズとアランは、ヴァレグロが運動している間、たくさんの事柄について語りつくした。

金メダルの余韻 | 99

フィズ・マーシャル（Fizz Marshall）理学修士・学士（優等学位）は、ヴァレグロがウォータートレッドミルを利用するハーピュリー・カレッジのエクイン・セラピー・センターのマネージャーである。

ブルーベリーは、この2年間、日常のトレーニングの一環として、このセンターを利用しています。最初は、厩舎仲間のユートピアといっしょでした。当カレッジのアクアフィットトレッドミルは、主にモビリゼーション（関節の緩和）のために使用しています。水中にいることで、馬の前肢の負担を軽減させ、後躯を低く保ち、後肢をより前に高く押し出すことができます。前肢を高く持ち上げるように仕向け、馬の脚が水から出る時に、飛節と後膝を屈曲させるため、四肢の関節の動きを増大させます。水位を上げるとほとんどの馬はその馬の可動域の上限に達して、水中を歩き始めてしまいますが、ブルーベリーの動きはとても大きく、水位の上昇に合わせて脚をどんどん高く上げていきます。放っておいたら、きっと自分のお腹を蹴ることもできるかと思うほどです。脚や蹄の負担を取り除いた状態で行う全身ボディーワークは、日常のトレーニングに組み込むのに非常に有効な運動ですが、特に大会に向けてのビルドアップに最適です。

しかしながら、ここで特筆したいのは、ブルーベリーの運動能力そのものよりも、彼が私たちの心に引き起こす感情についてです。簡単に言えば、私たちの彼にあこがれる気持ちです！もしブルーベリーが人間だったら、彼は地球上でもっとも才能にあふれたアスリートでありながら、地球上でもっとも親しみやすい人でしょう。ウサイン・ボルトのように。ただ、あのポーズや自慢げな態度なしのね。ブルーベリーに関する限り、ここに来ている時は、そこらへんにいる他の馬と変わらないのです。それが私にとってもっとも愛おしい点です。到着したアランが自分用に紅茶を入れるのを、オフィスの入り口をのぞき込みながら大人しく待っています。彼は、ポロ（訳者注：イギリスのミントキャンディ）、ニンジン、そしてストロングミントキャンディが大好きです（ソフトミントキャンディはあまり好きではないようですが）。準備する間も動き回らず、騒ぎ立てることもしません。世界一のドレッサージュチャンピオンでありながら、彼にはわがままだったり、威張ったところはまったくありません。

個人的なレベルでも、ブルーベリーはたくさんのものを与えてくれました。第一に、ブルーベリーは私に生涯の友を見つけてくれました。私とアランは、あのトレッドミルの脇に立ちながら、すべてについて語り尽くしました。さらに、彼は私が管理するセンターを有名にし、私のキャリアを後押ししてくれました。彼は、私の憧れの二人、カールとシャーロットにめぐり合わせてくれたのです。そして、このセンターの全員が彼の偉業の、なにか一部になれたような気持ちにさせてくれました。馬社会で働いていると、憧れのヒーローはライダーだけではなく、馬自身であることもしばしばあります。そのため、この数年間で、ヴァレグロに会う機会に恵まれたことは、ここで働いているスタッフ全員にとって、とても特別なことでした。

我々はここに来るすべての馬に対して、非常に強力な機密保持条項に同意しています。ですから私たちの仕事について語ることは、少し奇妙な感じがしますが、カールはユートピアがここに来てトレッドミルを使用していることを、オープンに語っていますし、最近ではブルーベリーがここの常連客であることも知れ渡っています。ビジネスの観点から言えば、それがどれほど私たちのためになったのかは、語り尽くせません。私たちは評判を気にするより、それぞれのケースで最善を尽くすことを重視しています。それでも、カール・ヘスター推奨ということは私たちにとって素晴らしい賞賛であり、これまでの何年もの努力が認められたと感じています。

私は、一般観衆の一人としても、ヴァレグロと同世代にいられたことを幸せに感じています。正直、幸運と思わない人はいないと思います。私の人生のうちに、再び彼のような馬が現れることはないでしょう、絶対に。彼と個人的に面識があり、ワールドカップファイナルや世界馬術選手権、オリンピックやその間の多くの大会や選手権に向けての調整などに携われたのは、特別な次元の喜びでした。大きな仕組みの中の小さな歯車にすぎませんが、だからと言って彼が優勝した時に涙を流したり、大会前には健闘を祈りながら抱きしめたり、また大会後にはお祝いを言いながら抱きしめたりしないわけではありません。私たちは、あの馬が大好きで、彼を知ることができて大変光栄ですし、なによりも、彼の才能、勇気、そして人生観を愛おしく思っています。

上：ヴァレグロがハーピュリーの
ウォータートレッドミルへ頻繁に訪れ
ることは、彼のフィットネスにとても良
い影響を与え、またアランとフィズの
間に固い友情を築いた。

下：騒ぐなんてことは決してない
ヴァレグロ。

金メダルの余韻 | 101

次に、ウェストサセックス州のヒックステッドへ赴きました。楽しい大会で、自国のホームファンに馬たちを披露する良い機会でした。もちろん、ヴァレグロのファンがたくさん詰めかけていました。グランプリは申し分ないぐらい良いスタートで、また新記録に向かっているように見えました。速歩は素晴らしかった。……でも駈歩は？実はシャーロットは、ピルーエットと踏歩変換で、少し問題を抱えていました。ピルーエットでは、ヴァレグロが腰を落としすぎて、結果、勢いを失ってしまっていたのです。そして踏歩変換では、シャーロットは脚を使うのを忘れてしまっていました。ヴァレグロが、課目に対してどんなに卓越した態度を持っていても、さすがに、言われていない運動まではしません。なので、ピルーエットでは1ビートずれてしまい、1歩ごとの踏歩変換では、シャーロットの脚がまったく動いていませんでした。彼らはそれでも素晴らしいスコアを得ましたが、それは80パーセントを超えただけで、競技の開始時に期待させた85や86ではありませんでした。ヒックステッドでは、イギリス唯一のネーションズカップ団体競技会が催されます。団体戦と個人戦双方のグランプリが一つ、そして、珍しいことにフリースタイルの結果が団体戦の得点として加算されます。私はこれにはあまり賛同していません。しかし、これが私たちにとって良い方向に働きました。私は団体戦に選ばれていたので、フリースタイルを行い、シャーロットは個人としてグランプリスペシャルを行いました。私とユティは素晴らしいフリースタイルで優勝しましたが、シャーロットのスペシャルは、あのピルーエットがまた上手くいかず、特にスペシャルでもない

結果に終ってしまいました。他の人にとっては、大したことではなかったかもしれませんが、私たちは完璧を目指していましたので、ヘアニングに向かう前までに、たくさんの作業と、たくさんの話し合いが必要でした。

さらに団体チームに打撃を与えたのは、100パーセントな状態でないからと、ローラ・ベクトルシャイマーがミストラル・ホイリス号（通称アレフ）をヘアニングへ連れて行くのを断念したことです。代わりにギャレス・ヒューズが参加することになりました。しかし、アレフが参加しない場合、イギリスチームがメダルを獲得するには、シャーロットとヴァレグロが途方もないスコアを出さなくてはなりません。

ヴァレグロはグランプリ3年目で、大きく変わりつつありました。多くの馬でも同様です。経験を積み、落ち着いてくるのです。もちろん、彼はいつものように熱心でしたが、もっと乗り込む必要がありました。同じ過ちを見たくはありませんでした。特に選手権ではなおさらです。なのでハーピュリーの練習セッションの時に、私はシャーロットを厳しくしごきました。楽曲を使う課目のすべての動きをおさらいさせました。いつもとは異なり、ヴァレグロのフリースタイル課目を3回も通しで踏んでみました。かなりの練習量でしたが、ヨーロッパ選手権直前で、プレッシャーをかけ過ぎないように注意しながらも、彼が何を求められているかを理解したと感じられる必要がありました。3回目の通し練習の際は、すべてが完璧で、ただただ素晴らしかったのを覚えています。私はヴァレグロに角砂糖を与え、シャーロットには、家に戻ってビデオを見ながら復習するようにと言い添えました。

左：「あの美しい顔は、自分がどれほど素晴らしいかなど微塵も思っていない」ヘイドン・プライス（Haydn Price）。

金メダルの余韻｜103

リチャード・"ディッキー"・ウェイグッド（Richard 'Dickie' Waygood）MBE（写真上）は英国馬術連盟の馬場馬術プログラムマネージャーである。2010年にシニア馬場馬術チームのチームリーダーに就任。2012年ロンドンオリンピックのチームサポートの要。現在（執筆時）は次の2016年リオオリンピックに向けて準備中。近衛騎兵隊の元ライディングマスターで、有名なミュージカルライドのルーチンを担当。ディッキーは、近年でもっとも成功した軍人の総合馬術ライダーで、CCI4スターのバーリーやバドミントンの大会にも参加。またイギリスのCIC2スター総合馬術チームのトレーニングにも関わっている。他にもコーチングやチャリティ公演、一般公演などのさまざまな活動を行っている。

　ヴァレグロはもっとも素晴らしい馬のアスリートです。偽りなく、完全に傑出した才能です。彼は技術的に完璧で、シャーロットが美しく乗りこなしています。すべての意味で、真のパートナーシップを築き上げています。才能あふれた馬は他にもたくさんいます。しかし、その内の何頭が、その技術力に相応する素晴らしい頭脳と超自然的な才能を持っているでしょうか。彼が総合馬術の馬だったら、次の障害を求めて常に赤白の旗を探しているとも言えるでしょう。しかし彼は総合馬術の馬ではなく、馬場馬術の天才なのです！

　この素晴らしい馬の忘れられない思い出は、2013年のヘアニングのヨーロッパ選手権です。思い浮かべてみてください。フリースタイルの演技後のウイニングランで、ウエンブリーのFAカップファイナル（イングランドの歴史あるサッカー大会の決勝）のように、大観衆が総立ちとなり、歓声を送っているのです。あのウイニングランで披露した伸長速歩は、きっと12点を取ったでしょう。それなのに、退場の通路に入った途端、1歩もバタつくことなく、すぐに常歩に戻ったのです。彼は完全にリラックスしていて、まるで「任務完了」とでも言うように嬉しそうな表情を浮かべていました。彼はいつ完璧を求められているか、そして、いつスイッチをオフにしてリラックスして良いのか、スーパーグルームのアラン・デイビスから、いつお菓子をもらって良いのかを、完全に理解する能力を持っているのです。すごい頭脳です！

右：2013年ヘアニングのヨーロッパ選手権は、サッカースタジアムで開催された。

下：ミスにも関わらず、フリースタイルは満場一致の結果だった。

一番下：喉の渇きをいやすシャーロット。メダルの重みを支えるのも楽じゃない？

　このヨーロッパ選手権のチームは、チーム初参加のギャレスとマイケル・イルバーグが加わり、エキサイティングなラインナップとなりました。私はグランプリに3頭から馬を選べましたが、ハイスコアが期待できる経験豊かなユティで臨むことにしました。統括責任者のウィル・コネルおよびチームリーダーのディッキー・ウェイグッド率いる素晴らしいサポートチームといっしょに、陽気で、しかも集中力もある、トップフォームのイギリスチームは、8月下旬のヘアニングのヨーロッパ選手権に降り立ちました。

　ところが、ギャレスの牝馬ナドンナ（Nadonna）号がアリーナに向かう途中の大きなスクリーンを物見してしまい、ギャレスは課目中ずっと馬をなだめながら経路を回らなくてはなりませんでした。そこでみんなのプレッシャーは一段階上がってしまいました。その日の午後遅く、マイケルとハーフムーン・デルフィ（Half Moon Delphi）号は、素晴らしい瞬間を数多く紡ぎだしたにも関わらず、あろうことか一人の審判は、他の人に比べて8パーセントも低く採点しました。こういうことはよくあることです。約73パーセントというスコアは決して悪くはありませんでしたが、チームでメダルを狙うには、かなり厳しい状況となりました。

　しかし、ヴァレグロは絶好調で、彼とユティの二頭は、この状況をかなり楽しんでいるようでした。ユティと私は、いくつか失敗がありましたが、期待通りのスコア、75パーセントを獲得しました。任務完了です！シャーロットとヴァレグロの出番はまだでしたが、私はきっとメダル圏内に入るはずだと確信していました。ヘレン・ランゲハネンバーグ（Helen Langehanenberg）が、デーモン・ヒル（Damon Hill）号と素晴らしい課目を披露し、ドイツが暫定金メダルにつけました。それでも、私はナーバスになったりはしませんでした。

　シャーロットとヴァレグロの順番が来た時、私は微動だにせず、すべての動きを見守っていました。そして心の中で「いいぞ、いいぞ、いいぞ」と叫んでいました。パッサージュから駈歩への移行の際に小さなミスがありましたが、私は今まで見た中で最高のグランプリを目の当たりにしていました。そしてそれは、審判たちも同意見でした。シャーロットとヴァレグロは、約86パーセントという世界新記録を打ち立てたのです。

金メダルの余韻 | 105

雰囲気は最高潮に達し、メダル候補の間には1パーセントの差しかなかったので、緊張は絶頂に達していました。結局イギリスチームは銅メダルを獲得しましたが、メダルの色は重要ではありませんでした。たくさんの感動を呼んだ素晴らしい大会、そして、ヴァレグロによる新記録。私は、彼とシャーロットをとても誇りに思っていましたが、表彰台に上がった金メダルのドイツ、銀メダルのオランダのチームメンバー全員のこともとても誇りに感じていました。ウィル・コネルは次のように言っています。「ロンドンの栄光の後に続くのは、非常に難しいことでしたが、このヘアニングの大会で、ロンドンが偶然ではなかったと証明できたと言えるでしょう」唯一残念だった点は、ヴァレグロの共同オーナーだったローリー・ルアード（Roly Luard）、そしてその後に共同オーナーとなったアン・バーロット（Anne Barrott）の2人が、10分遅れて到着し、ヴァレグロのグランプリ演技を見逃してしまったことです。

　もちろん、個人競技はヴァレグロが主役でした。ハーピュリーでの集中した練習で、すべての課題をクリアしてきたため、私、アラン、シャーロット、そしてヴァレグロも穏やかな雰囲気に包まれていました。このグランプリスペシャルは傑出したものになる予定でしたが、意外にも間違いの多さで突出したものになってしまいました。まず、スウェーデンのパトリック・キテル（Patrik Kittel）とトイ・ストーリー（Toy Story）号がミスをし、次にシャーロットが駈歩でのハーフパスをするところで、2歩ごとの踏歩変換を披露してしまいました。この結果では、金メダルに届かなかったでしょうか？いいえ、大丈夫でした。というのも、次にヘレンとデーモン・ヒル号もミスを犯し、オランダのアデリンデ・コーネリセンとパージバル号も、シャーロットとヴァレグロとまったく同じミスを犯したのです！ライダー全員がブロンドだったことにより、私は、これを「ブロンドの攪乱」と呼んでいます。摩訶不思議としか言いようがありません。しかし、ヴァレグロはサッカースタジアム内で開催されたこの選手権で、通常の大会よりはるかに多い大観衆の前で華々しい演技を披露し、審判からは満場一致で1位となり、金メダルを獲得しました（審判は、あのミスの連続に首をかしげていたに違いないですけどね）。

左下：ミスがあったとしても、色褪せない素晴らしい演技。

右上：イギリスの国歌が流れる中、表彰台に立つシャーロット。アランに首を撫でられながら、ユニオンジャックを見つめるヴァレグロ。

中下：アランとシャーロット。ギュッとハグ。

右下：ヴァレグロはアリーナ内ですべてを出し切った。

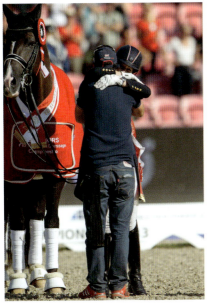

金メダルの余韻 | 107

アンドリュー・ガードナー（Andrew Gardner）は25年以上の経歴を持つ馬場馬術審判。イギリスのリスト1審判（イギリス馬場馬術協会の最高位の審判資格）で、2011年にはFEIの「O」もしくは5スターステータスを達成した。彼は公認建築士と審判を掛け持ちし、2013年デンマーク、ヘアニングのヨーロッパ選手権大会でも、審判を務めた。ミスが連発されたグランプリスペシャルではBマーカーにいた。

　私が最後にヴァレグロを審判した時、私は何回も10点と書き込んでおり、自分でも自分が信じられませんでした。「何をしてるんだ？」と自問していました。他の審判と比べ、どんな採点になっているのだろうかと不安に思いましたが、私の採点がとびぬけて高いわけでもありませんでした。この日は、彼がキュアの世界新記録を出した日でしたが、もちろん彼自身の記録を自ら更新しただけですけどね。

　この生ける伝説の馬のことをちょっと離れて考えてみると、彼がまったく論争を引き起こしていない事実に驚かされます。彼の動きとその勢いは純粋で、なんでも簡単そうに見えて、同時にすごいパワーと軽快さを備えています。彼は本当に桁違いで、この素晴らしく才能のあふれたコンビを頻繁にジャッジしたことは、想像もできない幸せでした。

　彼は10点をもらう充分な能力があり、そして頻繁に10点をもらっている彼の動きを見ると、パワフルな伸長から、ハーフパス、ピアッフェやピルーエットで美しく表現されるコレクション（収縮）と、両極端があることが分かります。このような多様な才能を持っていることは注目すべきことです。彼には弱点がありません。

　それに加えて、彼は目と性格がかわいいのです。イギリスの宝、そして今は世界の宝となったこの馬は、同じように才能あふれた彼のライダーと、そしてもちろん、トレーナーの努力の賜物です。チーム全体が素晴らしく、全員未来の手本となるべき人物たちです。これからもこのスポーツを導いてくれるでしょう。

　ヴァレグロがまだ低いレベルで競技していた時の全英大会で、審判コースを教えていた時のことを覚えています。私の担当グループに、この駈歩をじっくり見るように言いながら「世界クラス」になりうる駈歩と説明したのを今でも覚えています。この点は間違えなくて良かった！私たち審判は、素晴らしい演技を最前列で見る特権を持っていますが、ヘアニングの選手権のように、あんなミスだらけのグランプリスペシャルがもう一度あったら、私の神経はもちません。

上：アンドリュー・ガードナー。

下：リングマスターのペドロ・チェブルカと帽子を交換したシャーロット。ヴァレグロは交換しなかった。

右：食いしん坊のヴァレグロ。シャーロットの花束を味見しようとしている。

　私とユティがスペシャルで6位に終わったため、ヴァレグロとシャーロットのフリースタイルに付き添う時間ができました。繰り返しになりますが、十分に準備をしてきたので、すべてが上手くいくと確信していました。この確信があったため、ヴァレグロは前日に休養すべきだと言いました。シャーロットはこれを聞いて少し不安がっていましたが、私はヴァレグロをできる限り元気な状態にしたかったのです。

　ヴァレグロは申し分のないほどリラックスしていました。そして、シャーロットも。トム・ハントが次のプログラムに向けての新しい音楽を作曲していたので、このオリンピックの「ビッグ・ベン」フリースタイルの最後の披露となる予定でした。これがミスなしでできれば、オリンピックの音楽への最高のはなむけとなります。

　パーフェクトとは言えませんでした。シャーロットの拍車がヴァレグロに引っかかってピルーエットで小さく跳ねてしまったのです。しかし、それ以外は、終わりのピアッフェのピルーエットも含めて、ヴァレグロが演技した中でもっともパーフェクトに近いものでした。スコアは91.25パーセント。2位に4パーセントもの大差をつけて、金メダルを獲得しました。新記録にはなりませんでした。この時点でヴァレグロがまだ破っていない記録でしたが、そんなことは誰も気にしていませんでした。たくさんの10点があり、11歳のヴァレグロはその場でできることすべてをやり遂げたのです。

　表彰式では、ヴァレグロがどれほど、この観衆を感動させたのかが分かりました。感涙している人がたくさんいたのです。彼はその雰囲気を楽しんでいました。イギリスの国歌が流れる中、シャーロットが表彰台中央に立ちました。ヴァレグロは、アランに首を撫でてもらいながら、まっすぐに立ち、ユニオンジャックを見つめていました。しかし、相変わらずの食いしん坊なので、シャーロットの花束をかじっちゃいましたけどね。

金メダルの余韻 | 109

ウィル・コネルは現在、米国馬術連盟のスポーツ・ディレクターを務める。2003年から2014年の世界馬術選手権後まで、彼は英国馬術連盟のワールドクラスパフォーマンスディレクターであった。王立騎馬砲兵・国王中隊の元指揮官。ウィルは2004年アテネ、2008年北京、そして2012年のロンドンオリンピックでイギリス馬術チームのリーダーを務め、また2006年と2010年の世界馬術選手権ではイギリス馬術チームの統括責任者を務めた。イギリススポーツナショナルロッタリーが資金提供したワールドクラスプログラムの統合遂行責任者でもあった。2012年の新年叙勲式で、馬術スポーツへの功績が讃えられ、MBE勲章を授けられた。

　私が最初にヴァレグロを見たのがいつだったかは、記憶があやふやで定かではありませんが、カールがウインザーで私を捕まえて、ロンドンでメダルを取る2頭がいるからドレッサージュを絶対見るようにと、言ってきことは覚えています。そして、彼は間違っていませんでした。多分2009年だったと思いますが、ちょっと自信がありません。

　次にヴァレグロを見たのは、2011年です。ヴァレグロとシャーロットが南フランスのヴィドーバンで世界に「お披露目」された時でした。ミスのないグランプリではありませんでしたが、この2人にとって初めてのグランプリで、誰の目にも特別な何かが起こったことは明らかでした。そのあとの昼食時に、ドイツでもっとも尊敬されている審判に会いました。彼は、ショックを受けた様子でした。どう思ったかを尋ねたところ、彼はこう返答しました。「それは歴史的な瞬間でした。それが起こった時、どこにいたのかを決して忘れることのないスペシャルな瞬間の一つです」と。私とジュディ・ハーベイは、「良いワイン」でお祝いしましたがカールは並み以下の白ワインで喜んでいました。彼がワイン業者にならずに馬場馬術ライダーで、本当に良かった！

　私はその晩に初めて、2012年のロンドンで光り輝くチームメダルの可能性を、本気で考え始めました。

　ヴァレグロの大スターへの道のりは、簡単で、問題もなく、まるでドレッサージュの神々がそうさせたかのようでした。もちろん、見えないところではいくつかの波があり、自信を喪失したこともありましたが、表舞台では、おとぎ話のような筋書きが現実となりました。この道のりを支えてくれた人たちは数知れませんが、その中心にはアラン、シャーロット、カールそしてローリーがいて、彼らが馬場馬術を次のレベルへと引き上げたのです。

　この馬について？言えることは多くありません。「才能に恵まれ、脳みそと筋肉が正しい所にある、最高のアスリート」ぐらいです。同様に、シャーロットが成し遂げたことに関して、彼女に称賛を浴びせることも簡単です。彼女は、自分の才能を最大限に引き出すドライブとフォーカスを持ち、必要な時に必ず成果を生み出す恵まれたアスリートの典型です。

　しかし、このミラクルの立役者はカールです。カールは才能のある若駒を見つけ出し、オリンピックレベルまで調教し、そしてそこで成功させているのです。何回も、何回も。同じ大会で、同じ種目で他の選手をコーチして、金メダルを2個も獲得させたオリンピック金メダリストは他にいないと思います。選手としてのカール、ホースマンとしてのカール、そしてコーチとしてのカールに、私は言葉では言い表せない尊敬と称賛の思いを抱いています。

左上：「奇跡の立役者」カール。ヘアニングでのフリースタイルの後、シャーロットとイアン・キャストと。

左下：シャーロットはマスコミの注目を浴びることにも慣れてきた。

右下：ウィル・コネル。

金メダルの余韻 | 111

上：ヴァレグロと共同オーナーのローリー・ルアード。

右：ロンドンオリンピック後のシャーロットとローリー・ルアード、その娘のベラ。

112 | ヴァレグロ ～オリンピック金メダルホースの軌跡～

ロウエナ・"ローリー"・ルアード（Rowena 'Roly' Luard）が、ヴァレグロの共同オーナーとしてのマジカルな瞬間を語る。

カールがヴァレグロの権利を半分買わないかと持ち掛けてきた時から、とてもエキサイティングでした。ヴァレグロは5歳で、すでに数々の勝利をおさめていました。

2011年8月のロッテルダムを思い出します。そこでカールはユートピアで素晴らしい演技を披露しました。満点の10点を取ったあの伸長速歩は、誰も忘れないでしょう。でも、この時は私のブルーベリーが初めてスコアボードに載った誇らしい瞬間でした。この大会では78.83パーセントで4位が彼の最高順位でした。私は、ジェニー・ロリストン＝クラークと座っていて、興奮をおさえるのが大変でした。

2012年4月は、私たちはドイツのハーゲンで、イギリスがテーマの「ホース・アンド・ドリームズ」大会にいました。なんて特別な競技会だったのでしょう！非常に喜ばしいことに、ヴァレグロは将来注目のスーパースターたちに交じって競技し、グランプリとグランプリスペシャルの両方で勝ちました！大会会場は、ユニオンジャックで埋め尽くされ、売られているグッズもユニオンジャックだらけでした。また会場には映画「大脱走」からの音楽が流れており、それにはビッグ・ベンの鐘の音も入っていました。それを聞いて、ロンドンオリンピックのヴァレグロのフリースタイルにも鐘の音を入れることを思いついたのです。

2012年ロンドンでの金メダル獲得の後は素晴らしいお祝いが続きました。すでにフリースタイルの後に、船上パーティーを予定していました。ただそれが祝賀会になるか、残念会になるのかは分からなかったのですが、ラッキーなことに、前者となりました。オリンピックシンボルのついたタワーブリッジの下を蒸気船でくぐりぬけたあの光景を、あの場にいた全員が決して忘れないと思います。感動的な光景でした。それから、クラレンス・ハウス（訳者注：皇太子公邸）でのドリンクパーティー、オリンピック馬術選手全員との夕食会、コー男爵（訳者注：ロンドンオリンピック組織委員会会長）からの感謝の手紙。すべてヴァレグロのおかげで体験できたことです。

翌年のヘアニングでのヨーロッパ選手権は、私とカールが、ブルーベリーが売られて、他の国に渡ってしまうことが耐えがたいと認識した時だと思います。ヴァ

レグロが世界の檜舞台で、その地位を確立するのを見る私たちの目には涙があふれていました。もちろん、カール自身がブルーベリーに騎乗しないことに対して疑念を覚えた時もありますが、今となってはすべて腑に落ちます。いつも通り、カールのプランがベストでした。カールはユートピアに騎乗し、シャーロットはブルーベリーとの絆をより発展させること。その結果、金メダル獲得チームを編成するのに成功したのです。

2014年オランダのスヘルトーヘンボスで、ヴァレグロが2013年のKWPNホース・オブ・ザ・イヤーに選ばれた時、観客からのスタンディングオベーションを浴びるヴァレグロ、カールとブルーベリーの生産者のヨープとマルティエ・ハンセ夫妻と共にアリーナに立てたことは、とても心躍る体験でした。そして、オリンピアで2回もオーナー・オブ・ザ・イヤーの賞を受けることもできました。想像を絶する素晴らしいできごとでした！

一生のうちでワールドカップを2回獲得するなどということは、想像もできませんでしたが、私にとって2015年4月のラスベガスからの帰りのフライトで、ブリティッシュ・エアウェイズが祝福し歓迎してくれたことで、ヴァレグロがどれほどの注目を浴びているのかが証明されたと思います。

そして、馬とライダーとトレーナーの深い絆、もちろんヴァレグロとグルームのアランとの絆を見られたのが何よりでした。クロウディン・ビシャードのサポートと組織力、獣医師、装蹄師に理学療法士など、誰一人も欠くことのできないチームです。競技に出るたびに絶対ベストを尽くす馬、ヴァレグロを、みんな大好きなのです。彼は私たちを落胆させることはありませんし、彼が華々しい成績を残す間、ずっと同じチームに支えられたラッキーな馬なのです。ウィル・コネル、ディッキー・ウェイグッドそしてリチャード・デービソン、初期にはデジ・ディリンガム（Desi Dillingham）の支持も得ていました。さらに最近ではアン・バーロットとその家族からのサポートも加わり、関係者の絆も長年にわたって育まれて、今はそれがとても自然になっています。まるで、もともとそうだったかのように。この信じられないほどのチームワークに、とても感謝しています。そして、関係者の間のお互いを尊敬しあう姿勢は本当に勉強になりました。

私はヴァレグロを通じてたくさんの新しい素晴らしい友人と出会うことができました。簡単に言えば、ヴァレグロが私の人生を変えてくれたのです。

7 続きは お楽しみに

オリンピア、ロンドン。
最高の馬術クリスマスパーティーだ。

　この頃になると、オリンピア・ホース・ショーで1年を締めくくるのが恒例となりつつありました。そしてこの2013年12月のオリンピアはヴァレグロにとって記念すべき大会になりました。ヴァレグロには破るべき記録がもう1つだけ残っていました。オランダのエドワード・ガルとトティラスが、トティラスがドイツに売られる前に打ち立てたフリースタイルでのスコアです。そのスコアは、偶然にもオリンピアで記録された、92.3パーセントでした。

　ヴァレグロのグランプリは、そのスコアに達するものではありませんでした。駈歩で比較的大きなミスがありましたし、8月以来初めての大会で、ヴァレグロの動きは、少し硬かったのです。シャーロットはライダーの責任だと認め、私もその通りだと思いました。にも関わらず、彼らは奇遇にもエドワードと彼の期待の新パートナー、グロックス・アンダーカバー号に4パーセントの差をつけて優勝しました。シャーロットはこの新記録を狙っていましたし、オリンピアで、地元ファンの前で達成したいと思っていました。しかし、彼女がどんなに願っても、もう後はフリースタイルの結果次第ということも分かっていました。

　これが、ヴァレグロを象徴するテーマソングともなったビッグ・ベンフリースタイルの本当に最後の最後の披露でした。ヴァレグロが入場すると会場は静まり返り、観客は完全に見入っていました。「ヘアニングの失敗」の左ピルーエットを過ぎた時から、シャーロットは再び呼吸できるようになりました。結果は、93.975パーセントで、地元のファンの前で新記録を打ち立てました。セットを完了する3個目の世界新記録で、シャーロット、私、そしてヴァレグロに関わるすべての人にとって最高のクリスマスプレゼントとなりました。FEIワールドカップをスポンサーしているニューヨークのファッションデザイナーのリーム・アクラはワールドカップ予選会を今回初めて観戦しに来たのですが、見に来て大正解の大会でした。エドワード・ガルはグロックス・アンダーカバーで2位となりました。いかにも彼らしく、彼の記録が塗り替えられたことに寛大でした。彼は「ヴァレグロは素晴らしい馬ですし、シャーロットは非常に上手なライダーで、私はどちらも好きです。いつかこの日がくると分かっていました」と述べました。

新記録達成までの瞬間。ヴァレグロのファンは彼らを見られることを喜び、このコンビは審判から調和で10点を獲得した。

続きはお楽しみに | 117

ヘイデン・プライス（Haydn Price）の両親は、彼が12歳の誕生日に乗馬レッスンをプレゼントしてくれた。その日から、彼は夢中になった。2年後、お金を貯めて両親はヘイデンに最初のポニーを買い与えた。そのポニーが初めて装蹄されるのを見て、ヘイデンは装蹄の技巧に魅了された。ポニーの2回目の装蹄の時には、彼は装蹄師になると決めていた。以来彼は迷うことなく装蹄師の道へ進む。ウォーシップフル・カンパニー・オブ・ファリアーズ（ロンドンにある装蹄師養成所）を1983年に卒業すると、ヘイデンはパフォーマンス・ホースの装蹄を専門とするビジネスを立ち上げた。現在（執筆時）、ヘイデンは英国馬術協会の装蹄師顧問であり、イギリス馬場馬術チームおよび障害馬術チームのチーム装蹄師でもある。研究プログラムや研究発表にも頻繁に貢献。また、国際的な講演もこなす。

　まず最初に、世間の印象というものがあります。例えば、ロンドンオリンピック前。私はたくさんのインタビューをこなし、そのうちの一つ、アメリカの『装蹄師ジャーナル』誌との長いインタビューの最中に、ヴァレグロが私がの一番贔屓の馬かと聞かれました。世間は、彼の成し得た業績によって、私のお気に入りの馬のリストの1番目にヴァレグロがいるだろうと思いがちですが、実際は、彼のパーソナリティ（性格）で、私のお気に入りのナンバー1になっています。とても素朴なのです。私の中で際立つ思い出は、彼の競技シーンではなく、アリーナから退場するときの姿です。まるで「来てくれて、ありがとう！観てくれてありがとう！」と言っているかのようでした。自分がどれだけすごいかまったく気にしていない表情なのです。アリーナの外では、彼はそこら辺のコブ馬と変わらない、私の友だちです。

　私は、本当に、彼をまったく特別扱いなんかしていません。装蹄が必要な時は、普通に馬房から連れ出し、普通にトロットアップして歩様を確認し、そして、普通につなぎ場につなぎます。ただ、少し普通と違うのは、ヴァレグロは私がどの脚の装蹄をしようとしているのかを的確に予測して、私が言う前から、自らその脚を差し出してくれるのです。

　ノルマンディー（世界選手権、2014年）で、私は妻や友人たちといっしょに表彰式にいました。アランが、ヴァレグロの首の後ろを軽く掻いてなだめながら観客席に向けさせると、観客は大喜びでした。ヴァレグロはすごい共感力を持っています。例えばあなたの母親と牧師さんがお茶をしに来たとして、その間に彼を座らせても上手に会話してくれそうな感じです。ただただラブリーな人柄（馬柄）なのです。

左上：特別な馬の大事な蹄を注意深く削る。

左下：デザイナー蹄鉄を打つ。

右上：取り巻く犬たち。
皆ヘイデンの弟子ライアン・マクドナルドが準備として削蹄する爪の欠片を狙っている。

右下：「蹄なくして、馬はなし」と語る。ヴァレグロのつま先をトップコンディションに保つ装蹄師ヘイデン・プライス。

　ヴァレグロがオリンピック後に売却予定であったことは周知のとおりです。これはローリーと私との契約の一環で、私のアテネ五輪の馬エスカパドォでも同じようなことをしました。エスカパドォは彼の素晴らしいグルームだったキャロライン・ドーソンのところで悠々自適の引退生活を送っています。非常に辛いことではありますが、億万長者でないただの馬術トレーナーとしては、常に全体の財務状況を考えなくてはなりませんでした。

　ヴァレグロがイギリスに、そして私たちに与えてくれたすべてのことを考えて、果たして本当に売却できるでしょうか？今現在の彼のライフスタイルや、彼が育てられたやり方を放棄させることができるでしょうか？そして、私たち以外のだれが、同じような暮らしを再現できるでしょうか？結局、私たちは放棄させることはできないし、他の誰も再現できるとは思えないという結論に達しました。私の負債が無くならない、ただそれだけのことです。この結論をオリンピアで発表し、雑誌『ホース＆ハウンド』が2014年1月初旬に、私たちがヴァレグロのシンジゲートを組みたいと考えているという記事を載せました。この記事が、この素晴らしい道程を共にする新しい共同オーナーを見つける触媒になるとは、誰もが考えていなかったでしょう。

　記事を読んでローリーに連絡を取ってきたアン・バーロットは、特に馬場馬術に関係することもなく、私と同様に馬産業の関係者でもありませんでしたが、ヴァレグロを国外に流出させないがためだけに、名乗りを挙げてくれました。我々は彼女がチーム・ヴァレグロに参加してくれて、とても嬉しく思っています。

　いろいろアレンジすることに時間がかかりましたが、ヴァレグロの未来は約束されました。もちろん、これに非常に安堵したのはシャーロットです。彼女はヴァレグロ売却の可能性を誰よりも堪えていたのです。しかし2014年は、より希望に満ちたものになりました。

　ヨーロッパ選手権とオリンピックタイトルを獲得した今となっては、残りの金メダルとタイトルは世界選手権だけでした。ノルマンディーのカーンでの開催で、今回はあまり長旅にならずに済みました。

2012年ロンドンオリンピックの勝利の後、ヴァレグロ売却騒動の中で、**アン・バーロット**は2014年にヴァレグロ・シンジゲートの3番目のメンバーとなった。馬場馬術に関する知識がまったくなかったアンが、この危機に名乗りを挙げたこともヴァレグロの物語の素晴らしい奇跡的一面と言える。

　私は『ホース＆ハウンド』の愛読者です。オリンピックの後、ヴァレグロが売りに出ているとの記事を読みましたが、時間が経ってもその次のニュースがありませんでした。こういう素晴らしい馬が、素晴らしい成績を残し、そして外国に売られ、そしてその後まったく噂を聞かなくなることに私は前から苛立ちを覚えていました。

　私はあまり馬に詳しいわけではなく、今は2スターレベルの総合馬術の選手である娘のジュリアが8歳の時に、乗馬に興味を示したのが馬との関わりの始まりでした。そこから、繁殖プログラムに関わり、40歳を過ぎてから乗馬を習う羽目になりました。

　もう少し後、オリンピア後の2014年1月、また『ホース＆ハウンド』にヴァレグロを売りに出すことはやめて、代わりにシンジゲートを組むという記事が出ました。それは良いアイディアだと思い、『ホース＆ハウンド』に私の情報をローリーとカールに渡してくれるように依頼しました。当時、私はカールとローリーに面識はありませんでした。

　2014年5月に、初めてカールの厩舎を訪問しました。共同オーナーになると名乗りを挙げて、馬場馬術界のトップに入り込むなんて、とても信じられない思いです。すべての詳細を取り決めた時には、夏になっていました。ヴァレグロはノルマンディーの世界馬術選手権大会に参加予定でしたが、あいにく私は別の用事で行けず、代わりに娘のジュリアが行きました。

　私が共同オーナーとして初めて参加した大会は2014年12月のオリンピアでした。最初から大舞台でしたが、もちろん素晴らしいできで、そのすぐ後に1月のアムステルダムもありました。アムステルダムでは、ヴァレグロと退場してきたシャーロットが私に花束ブーケを投げてくれました。ヴァレグロは私なんかより、ブーケの方に興味津々でしたけどね。その時はまだヴァレグロのことをあまり良く知りませんでしたが、食べることが好きなのだと、すぐに分かりました。

　そして、彼が常におっとりとしていることに、何よりも驚きました。2015年4月のラスベガスで、私とジュリアが馬房に会いに行くと、彼はたてがみを編み込まれている最中でした。アランが脚立に乗り忙しくしている間、ヴァレグロは、無口もつけず、どこにも繋がれることもないまま、じっと立っていました。非常に落ち着いていました。そして、実に素晴らしい演技を披露した後、シャーロットが手綱を放しても、彼はのんびりとアリーナから退場し、まるで、「良かったでしょ？」みたいな顔をして観衆を見ているのです。

　今現在、17歳と19歳の馬を繁殖した経験から、馬業界人でなくとも、その馬のすべてを知っていること、その馬の生まれや育ちを知っていることから来る深い関わりを理解しています。ヴァレグロは、若い頃から、変わらない家族に囲まれてきました。ベガスではみんなが彼の心配をしていましたが、私が訪れた時は元気になっていました。カールとシャーロットが到着し、すべての家族メンバーが揃って安心したかのようでした。信頼関係ですね。そして今は私も信頼してくれています。もちろん、私はできる限りを尽くすつもりでいます。彼のパスポートのオーナー欄の3つ目に名前を載せることができて嬉しく思っています。

左上：ヴァレグロとオーナーのローリー・ルアードとアン・バーロット、そしてカール・ヘスター。

右下：ヴァレグロ——絶対の信頼を家族に寄せて。

左：ヴァレグロのリヨンでの新しい経路には、曲線上での踏歩変換など新たな難技を加えた。

右：あの比類なき伸長速歩を生み出すエンジン。

　このフリースタイルの記録をみれば、ワールドカップファイナルにはヴァレグロで行くのが当然でした。ファイナルの出場資格を獲得するには、シャーロットとヴァレグロは西ヨーロッパリーグで上位8位に入っている必要がありました。クリスマスの後、シャーロットがニュージーランドでクリニックを行っている間、1月のアムステルダムの、2回目の予選競技会に向けて、私がヴァレグロを任されました。シャーロットは大会2日前に、時差ボケとともに戻ってきました。彼らのグランプリでのスコアは、ヘアニングで新記録となったスコアよりも0.122パーセント低いだけだったので、代理として、私は悪くない仕事をしたようでした。そして、フリースタイルはヴァレグロのプロフェッサー振りを存分に発揮した演技となりました。新しいプログラムを作成中で、ファイナルの際にお披露目予定であったため、トム・ハントがヴァレグロのために最初に作ったフリースタイルプログラムを使いました。とても雰囲気があり、リラックスして、調和がとれ、そして難しくなさそうに見えたプログラムでした。これはこのコンビのトレードマークになりつつあります。2歩ごとの踏歩変換の際に小さなミスがありました。彼らしくないことに、カメラのフラッシュに驚いてしまったのです。それにもかかわらず、エドワード・ガルとグロックス・アンダーカバー号より6パーセントも高い91パーセントのスコアを出しました。それからは、歴史あるフランスの街リヨンでの、ヴァレグロとシャーロットにとって初めてのFEIワールドカップファイナルの前までは、家に戻って日常通りに過ごしました。この大会で、彼らは前回優勝者のヘレン・ランゲハネンバーグとデーモン・ヒル号を相手にする予定でした。

　日常通りと言いましたが、少しだけ例外がありました。リヨンの2週間前の4月3日、ヴァレグロは、ある有名な若い女性を、お誕生日のお祝いとして乗せることになりました。私たちの厩舎オープンデーにはたくさんの人がこのワンダーホースに会いに来てくれます。もちろん、ブルーベリーは常に最高のおもてなしをします。私は、もっとも成功したXファクター（イギリスのリアリティ音楽オーディション番組）優勝者のレオナ・ルイスが、馬乗りで、馬場馬術ファンということを、この時初めて知りました。彼女はこのオープンデーに、誕生日プレゼントとして、ブルーベリーに会いに来たのです。彼女は彼に会えて大喜びでしたし、私たちも彼女に会えてとても楽しい時間を過ごしました。彼女は本当にゴージャスで、もう少しでヴァレグロにちゃんとハミを受けさせられそうでした。ハリウッドのセレブ・ブロガーのペレズ・ヒルトンがレオナのこの訪問について次のように書いてくれたのも、嬉しいことです。「オリンピック金メダリストの馬に乗ることができて、最高の気持ちだったのではないでしょうか！しかも、誕生日だったし！すごい！クール！完全に極楽にいるような気持だったでしょうね」と。こういう瞬間が、何年も前に見た、この小さく、ずんぐりとした馬がいかに特別であるかを私に思い出させてくれます。ロッテルダムのヨーロッパ選手権でオランダの観衆にも言ったように、彼を手放していたら、私は大馬鹿者になっていたところです！レオナは完全に虜になったようでした。彼女は4月のリヨンにもヴァレグロを応援しに来てくれました。このワールドカップファイナルで、シャーロットはトム・ハントが長い間ていねいに作り上げてきた新しいフリースタイルを使い、イギリス人初の優勝を飾りました。

続きはお楽しみに | 123

このドリームワークスのアニメ「ヒックとドラゴン」の曲を使ったフリースタイル課目は、この時点で多くの人が、見たがっているほど有名になっていました。シャーロットは、通しで乗ったことは2回しかなく、もちろん、完璧に自信があったわけではありませんが、すべての技が上手くいきました。技術的にはるかに難しい経路でした。我々は、曲線上での踏歩変換や、伸張駈歩からセンターライン上でのダブルピルーエット、そして最後に難しいピアッフェのピルーエットなどを追加しました。ヴァレグロは良くやってくれました。この新しい音楽はその歩様と、プログラムの内容ともとても良く合います。それに合わせて演技する彼を見るのはとても嬉しいものでした。

落ち着いた準備馬場から、こんな壮大な会場に入ってくるのはプレッシャーがかかり、馬によっては、最初の30メートルでまったく変わってしまあうこともあります。しかし、プロフェッサーと呼ばれるヴァレグロに限ってはそんなことはありません（私たちは彼を長年プロフェッサーと呼んでいます。彼はまるで生まれる前からすべての馬場馬術の本を読んできたのかのようなのです）。シャーロットは、準備馬場での感覚がそのままリングの中でも再現できるということを知っています。そして、この時から、私も安心して見ていられるようになりました。

ヘレン・ランゲハネンバーグとデーモン・ヒル号は、2カ所のミスで2位、エドワードとちょっと元気が良すぎたグロックス・アンダーカバー号が3位でした。シャーロットとヴァレグロは、満席の観客の前で、ヨーロッパ選手権、オリンピック、そしてワールドカップの世界の馬場馬術大会の全タイトルを獲得したのです。

世界馬術選手権（WEG）が近づいていましたが、8月まではまだ日がありましたし、土台はでき上がったように見えました。私たちは1年にたくさんの大会に出場することはなく、2014年も例外ではありませんでした。ヴァレグロは、3カ月間いつものように過ごし、ノルマンディーの前に、もう一大会だけが予定されていました。

上：ザ・プロフェッサー・イン・アクション。

左：やっとヴァレグロとシャーロットを落ち着いて見守れるようになったカール。

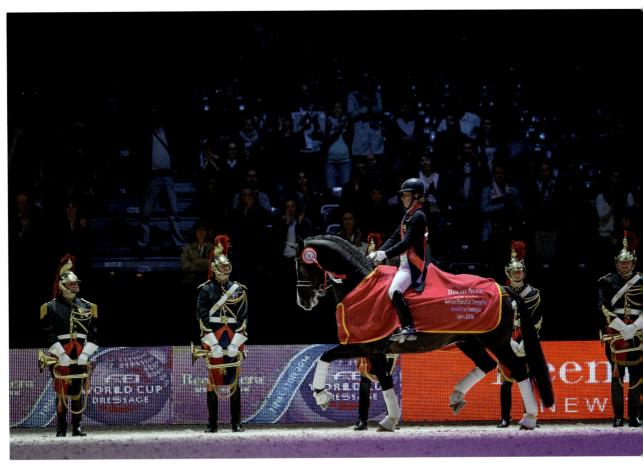

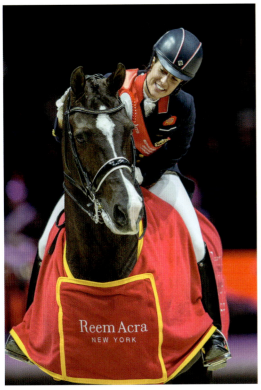

2014年リヨン：ドレッサージュワールドカップを取った
初めてのイギリスコンビとなった。

続きはお楽しみに | 125

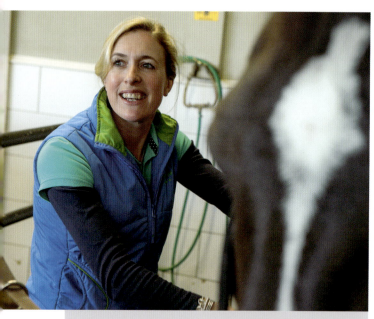

マーニー・キャンベル（Marnie Campbell）（旧姓マルガリン）（写真上）はイギリス屈指の馬術スポーツセラピストだ。ヴァレグロが5歳の時から専属フィジオセラピストを務めている。2週に1度のマッサージは、ヴァレグロがご飯の次に楽しみにしている。

　ヴァレグロは彼が有名になる前から私の大好きなお客様でした。私はゴールドカップ（イギリスの有名な競馬の障害レース）を取った競走馬や、成績の良い他のスポーツホースを含め、たくさんの馬を毎日診ていますが、彼は、常に私にとって特別な馬です。ヴァレグロは、自分がとても成功した馬だということも知っていますが、それでもとても優しくて、とても理解があります。彼は、知性にあふれています。私は、いっしょにいたくなるような特別なオーラがあると思っています。彼が人間だったら、決して威張ることのないスターになっていたことでしょう。私とアランは、こんな馬に出会うのは人生に一度切りだろうと思っています。

　私は2週に1度施療し、彼はこの1時間のマッサージを非常に楽しんでくれています。彼はマッサージ中に寝ていることが多いのですが、途中で水が飲みたいとなったら、私は彼を繋ぎ場から外して飲ませてあげなくてはいけません。これぐらいが、彼の唯一のわがままかもしれません。

　私はすべての大会に同行する訳ではありませんが、2014年ノルマンディーの世界馬術選手権は同行しました。この時、ヴァレグロが、会場でとても嬉しそうに過ごしていたことが印象的でした。彼は、自宅ではもちろん幸せに過ごしていますが、大会となると生き生きとするのです。まるで、ライトが点灯したかのように。

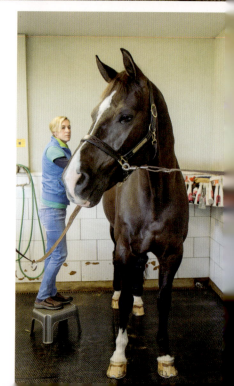

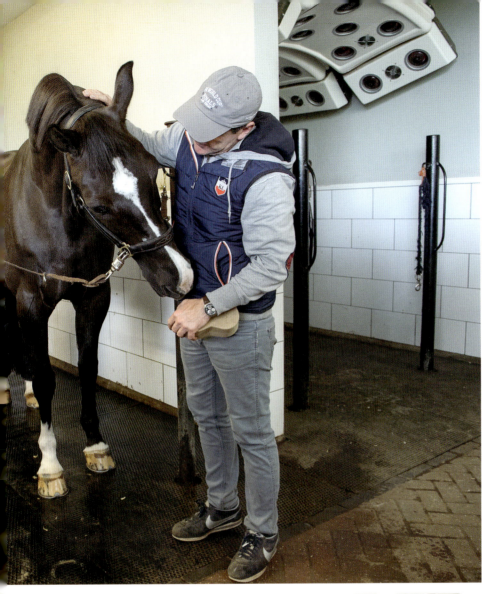

魔法の手で施療中の
マーニー。

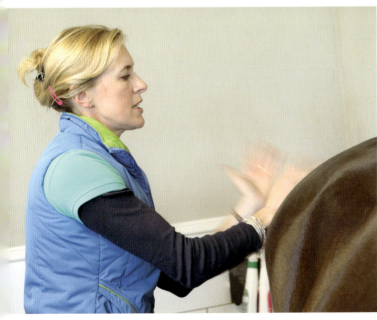

続きはお楽しみに | 127

運動後のソラリウム（温熱ヒーター）セッションの最中にフィオナ・ローレンスを見守る。

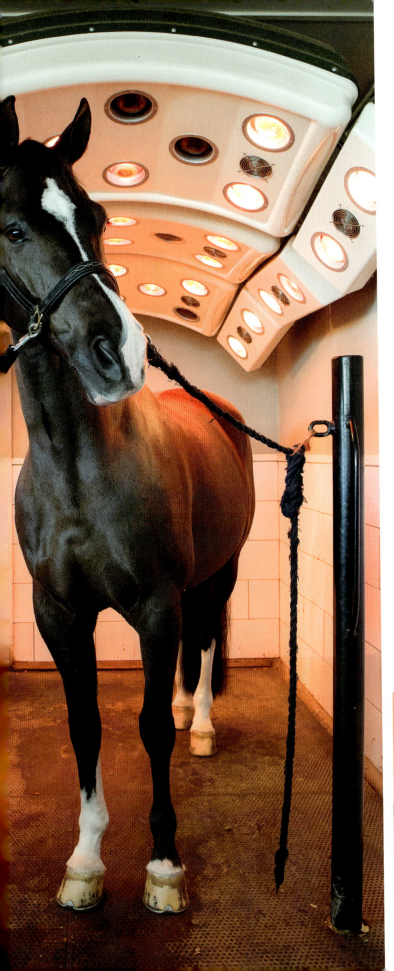

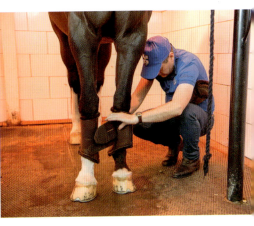

チャンピオンホースのある日の一コマ。
アランによるていねいなお手入れ。

続きはお楽しみに | 129

　CHIOアーヘン大会は、地球上でもっとも大規模な競技会として知られ、障害馬術、総合馬術、ディスプレイ、ショッピングやレストランなどが盛りだくさんで、多くの人が訪れ、活気にあふれる大会です。この大会には、いつも馬場馬術への造詣が深い観客が集まっています。また、ネーションスカップ大会ではないのに、各国のトップライダーが集い、まるでネーションズカップのような雰囲気になるため、各大会の優勝者を一堂に観るにはもってこいの大会です。

　馬場馬術にしても障害馬術にしても、アーヘンの大会で優勝することは、もちろん他の賞と同様にすごいことですし、数週後のカーンでの大舞台（ノルマンディー世界選手権）の前の、ミニ世界選手権と言われていました。シャーロットはすでに2011年に、自分の馬フェルナンデズ号でアーヘン大会デビューを果たしていましたが、今回はヴァレグロでのデビューとなりました。

　そして、ここで総崩れのとんでもない事態が起こったのです。

　私はシャーロットがヴァレグロと感じているだろうプレッシャーを理解していると思っています。周囲からの期待は巨大です。ヘレンとデーモン・ヒル（ダミ）号や、イザベル・ワースと彼女の期待の新馬ベラ・ローズ（Bella Rose）号、そして、ほぼミスなしのグランプリ課目を踏んで、体調は完璧のようにみえるマティアス・ラスとトティラス号も参戦していました。ヘレンとダミは、最後のセンターライン上でのパッサージュの際に、ダミが止まってしまうという大きなミスをするまでは、いくつかのミスがありつつもトティラスを抑えきれるように見えました。

　シャーロットとヴァレグロの演技が始まり、すべてがスムーズに見えました。しかし駈歩からは、ミス、ミス、ミスの連続。踏歩変換でも、ジグザクでも、そしてピルーエットでも！私は自分の目を疑いました。結果は76パーセントで6位でした。これが示したことは簡単です。ヴァレグロは血の通った馬であり、シャーロットも人間であるということです。人間らしい二人を観てちょっとホッとしたとも言えます。私がシャーロットに対して怒ってないことに対して驚いた人たちもいましたが、その時シャーロットに必要なものはサポートでした。もちろん、この演技はとても残念なものでした。しかし、私はシャーロットに失望することは決してありません。ヴァレグロに失望するなんてこともあり得ないのです。我々は、ただもう少し頑張らなくてはいけなかっただけでした。

2014年アーヘン、試練の時。
アランの表情がすべてを物語っている。

　スペシャルは、もう少しましでした。踏歩変換の際に少しミスや失敗がありましたが、シャーロットとヴァレグロはトティラスに次いで2位、ヘレンとデーモン・ヒルが、イザベル・ワースのために素晴らしい演技をしたベラ・ローズを抑えて3位でした。非常に暑い日で気温は35度近くあったと思います。そして我々はヴァレグロをもっともっと調整しておく必要はなかったか、ウォームアップが長すぎなかったか、などと自問していました。短時間で学ばなければいけないことがたくさんありますが、本質的に解決しておかなくてはいけないことばかりでした。

　ヴァレグロは最後のフリースタイルの時には上り調子で、踏歩変換の際に彼らしくないミスをしたものの、このクラスとチャンピオンシップを勝ち取りました。イギリス代表人馬が、アーヘンでの大きな賞を獲得したのは、1958年のジョアン・ゴールド（Joan Gold）とゲイ・ゴードン（Gay Gordon）号以来でした。しかしこの勝利は、トティラスが棄権したことによって生じたことは明記しておかなくてはなりません。当時『ホース＆ハウンド』のコラムに書いたように、このアーヘンの大会への参加が良かったのか、戦術的であったのかは不明でしたが、今回のできごとで今後のカーンの世界馬術選手権への期待がさらに高まりました。

続きはお楽しみに | 131

左：ヴァレグロ（右）とトティラス。
2011年のヨーロッパ選手権大会で。

右：アーヘンのフリースタイルでは、最後にはすべて
が良くなったが、学ぶことの多いできごとだった。

　世界馬術選手権のイギリスチームの選手は、前回（ヘアニングのヨーロッパ選手権）と同じ顔ぶれでした。アーヘンで、80パーセント超えをだしたマイケル・イルバーグとハーフムーン・デルフィ号、ギャレス・ヒューズとナドンナ号、私とチーム初参加となるニップ・タック（Nip Tuck）号、そしてもちろんシャーロットと少し復習しなおしたプロフェッサー。ヨーロッパ選手権の前と同様に、私たちの今の状態と、さらにはどのような状態になりたいのかを再検討しなければなりませんでした。シャーロットとヴァレグロはコンビを組んで8年目になり、お互いを知り尽くしていましたが、アーヘンでのできごとは、このコンビが、グランプリレベルではまだまだ安定しているわけではないことを、タイミング良く再認識させてくれました。他のどんな達人でも同様に、馬とライダーのコミュニケーションがこのレベルの域に達している場合、重要になってくるのは、本当に微細な調整です。ヴァレグロにも、背中の女の子からある程度の指示は必要で、シャーロットも、もう少し気を張って、すべてが馬がやってくれると思いこまないようにする必要がありました。彼女は、アーヘンでのグランプリ課目ほど不安なヴァレグロを感じたのは初めてでした。——彼はミスをすることに慣れていなかったのです。しかし、もちろんこれは世界馬術選手権に初めて臨む彼女をより奮い立たせました。

　故障によるトティラスの不在にもかかわらず、ドイツチームはあいかわらず強く、イザベルとベラ・ローズ、ヘレンとデーモン・ヒル、そしてクリスティナ・シュプレイ（Kristina Sprehe）とデスペラードス（Desperados）号たちは80パーセント以上の平均スコアで、断トツの金メダルポジションにいました。銀メダルを取れるかどうかは、シャーロットとヴァレグロの肩にかかっていました。81パーセントのスコアが必要でしたが、彼らは4パーセントもの余裕を持って、これを達成しました。唯一の失敗はスタートセンターライン上での停止がちょっと早かったことです（不思議なことに、デーモン・ヒルも同様でした）。でも、これは問題ではありませんでした。ヴァレグロはトップに返り咲いたのです。私たちは堅実に銅メダルを目指していましたが、銀メダルになったのは嬉しいボーナスでした。

　その後のベラ・ローズの跛行による棄権は皆を残念がらせました。イザベルは素晴らしい競技者ですし、私もグランプリで80パーセント超えで2位になったこの素晴らしい牝馬をもっと見ることを楽しみにしていました。もちろん、これからも見られると思いますが、その年の彼女のノルマンディーは終わりになってしまいました。馬術とはこういうものですし、ちょっと不運でもありました（訳者注：ベラ・ローズは2018年6月に国際競技に復帰、イザベル・ワースとベラ・ローズは2018トライオンWEGで個人優勝します）。

右：ノルマンディーの世界馬術選手権のサッカースタジアムでさえ、ヴァレグロを動じさせることはなかった。

下：「『お仕事終了』とでも言うような、幸せな表情を浮かべ、完全にリラックスしていました。」（リチャード・ウェイグッド）

その後から、シャーロットは2つの個人競技のうちの最初の課目にも自信がわいてきましたが、メディアに「どんなメダルでも構わない」と言ったのは、必ずしも本心ではありませんでした。くだらないミスが3カ所もあったにもかかわらず、86パーセント以上のスコアを出したことは、ミスした箇所以外のヴァレグロの演技がどれほど素晴らしかったかを物語っています。彼は機械仕掛けではないし、ピアッフェの途中で、ボロもしてしまいました。また、ミスのたびに驚きを隠せず、ざわざわとする観衆に、シャーロットもこの時ばかりは気を散らされてしまったのです。彼女は、観衆に向かって「静かにして！」と叫びたかったことでしょう。シャーロットは、このミスでゴールドを逃したかもしれないと思ったので、挽回すべく、ヴァレグロをもう少し頑張らせました。そして、彼はそれに応えたのです。そして、グランプリスペシャルチャンピオンシップの3回目の優勝を飾りました。

ヴァレグロにとって、競技会で演技するのが3回目となった「ヒックとドラゴン」プログラムのこのフリースタイルは、素晴らしいものでした。ヴァレグロとシャーロットがアリーナに入場すると、2万を超える観衆の歓声が響き渡りましたが、二人はまったく動じませんでした。お互いに相手を信頼しきって、プレッシャーは考えずに、楽しむことに専念していたのです。オリンピアのフリースタイルの記録をわずか1.8パーセント下回るスコアでしたが、シャーロットは、馬場馬術界初の、オリンピック、ヨーロッパ選手権、そして世界選手権のタイトルを同時に持つライダーとなりました。両方の課目で銀メダルはドイツのヘレン・ランゲハネンバーグとデーモン・ヒルが獲得しました。オランダのアデリンデ・コーネリセンとパージバルが、スペシャル課目で3位に着けていたドイツのクリスティナ・シュプレイとデスペラードを抑えて銅メダルになりました。大会自体は素晴らしいものでした。会場で、人間用に用意されていた食べ物はひどかったのですが……。幸運なことにヴァレグロは、自分のご飯を持参していたので、大丈夫でした。

新世界王者は表彰式でも楽しさと信頼を披露した。

カールの長年の友人で、チームメイトでもある**チャード・デービソン**は、カールとシャーロットといっしょに2012年ロンドンオリンピックを戦った。2014年のアーヘンとカーンの大会での浮き沈みを回想する。

　2014年の世界馬術選手権の直前に、カールはシャーロットとヴァレグロをアーヘンの大会にエントリーさせました。シャーロットとヴァレグロは、らしくないミスを連発し、集中力も欠いていて、あまり良い出だしではありませんでした。3つの課目をこなすうちに、だんだん良くなってきて、結果的に優勝しました。しかし、このことは多くの人びとの心に疑念を持たせました。関係にヒビが入り始めたのか、そして彼らはピークを超えてしまったのか？

　その次の大会はWEG（世界馬術選手権）でした。私は一人で座り、カールの指導のもとにトレーニングするシャーロットとヴァレグロを眺めていると、わずかばかりあったかもしれない疑念が、あっという間に消えていくのを感じていました。私は目の前の光景に魅了され、『ホース＆ハウンド』のレポートに次のように書きました：チーム課目の前夜、シャーロットがヴァレグロとトレーニングするさまに、私の目は釘づけとなっていました。彼らは、エネルギー、調和、そして正確性がすべて溶け合わさっていました。私はヴァレグロが、世界が今まで見てきたなかでの最高の馬場馬であると自分自身に言い聞かせていました。その少しあと、この言葉の意味が私にしみこみ始めると、シャーロットとヴァレグロが世界王者になることに、私はまったく疑いを持ちませんでした。

続きはお楽しみに | 135

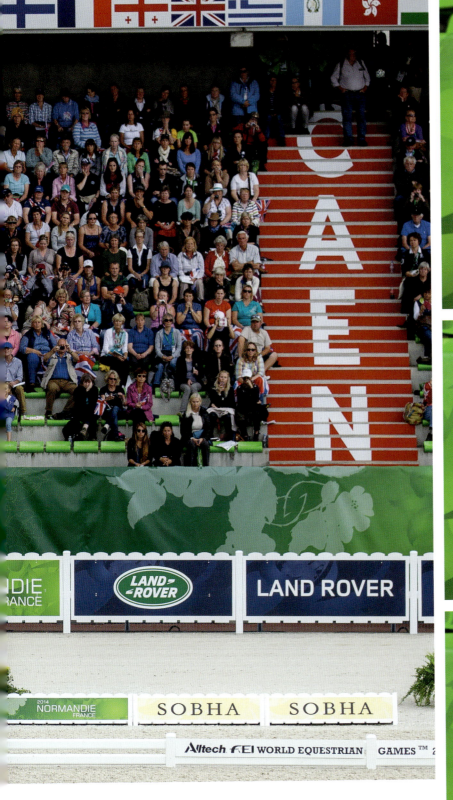

上：2014年カーン、ノルマンディーでの世界選手権。
右上・右中・右下：オーノー…オーノー！オー、イエス！

続きはお楽しみに | 137

ルシンダ・グリーン（Lucinda Green）MBE（写真上）は伝説的な総合馬術選手である。バドミントン総合馬術大会を6回も制した元世界およびヨーロッパチャンピオンは、雑誌『ホース＆ハウンド』の中の「ルシンダが乗ってみた」という企画記事のために、ヴァレグロに乗る機会があった。

　ヴァレグロとシャーロットがヨーロッパチャンピオンになった、オリンピックの年の始めに、私はヴァレグロに乗るためにグロスタシャーまで赴きました。彼の常歩は気持ち良いものでしたが、速歩になると、それはまるで今まで騎乗したことのない、まったく違う種族に乗っているような感じがしました。柔らかくスムーズであり、体の隅々まで動いており、そして背中はしなやかで、驚くほど座りやすかったのです。それも、中間速歩に移行する時までででしたが！中間速歩になると、ヴァレグロはすごいパワーを発揮し、私は鞍からはじき出されてしまいそうでした。そして、私は笑わずにはいられませんでした。カールからの、「トランポリン上に座っているかのように座る」という指示は、とても的確でした。

　そして、なんていう駈歩！そして、フライングチェンジ（踏歩変換）も。考えるだけで、実現できてしまいます。私はゴム水勒ハミを使用し、鞭も持たず、拍車もつけていませんでしたが、ヴァレグロは素晴らしい表現力を示しました。彼は限りなく良い意味で、とてもセンシティブな馬です。当時私は、普段はコンパクトカーに乗り慣れている人が、小さなフェラーリを運転するようなものだと比喩しました。そして、私の笑顔をみれば説明の必要はなかったでしょう。巨大な障害を飛び越えるのと同じぐらい楽しくて、スリルのある体験でした。

　ヴァレグロは本当に素晴らしくて、優しくて、すべてを与えてくれる馬で、この魔法のような15分間で、私はドレッサージュが大好きになり、いつものように難しく感じることはありませんでした。

左：自身の記録を塗り替えるシャーロットとヴァレグロ。2014年オリンピアにて。

下：シャーロットはヴァレグロがいつもベストを尽くしてくれると分かっている。

　その年のオリンピアで、再びイギリスのヴァレグロファンに向けて演技を披露することは、外せないイベントでした。私たちは、大会に参加するたびに、世界新記録を狙っているわけではありません。特に、その記録がヴァレグロとシャーロットが打ち立てたものなら、なおさらです。しかし、ここでもグランプリとフリースタイルの両方で記録を更新しました。グランプリのスコアは87パーセント、フリースタイルは94.3パーセントでした。

　フリースタイルは自己記録を3パーセントも上回るものでした。彼らは調和ですべて10点を取りました。「調和」こそがこのコンビの秘訣です。パートナーシップがすべてなのです。シャーロットとヴァレグロがこの8年間いっしょに培ってきたパートナーシップは、お互いの信頼と、お互いの強み、そして弱みについての深い理解の上に成り立っています。そしてそれが素晴らしい自信と、卓越した演技を可能にしています。ヴァレグロはアリーナの中であろうと、外であろうと手を抜きません。シャーロットは家での練習でできたことは、アリーナの中でも再現できると知っています。ヴァレグロが必ず応えてくれると知っているので、本番でもう少し要求しても大丈夫なのです。

続きはお楽しみに | 139

トロンド・アスミア（Trond Asmyr）（写真上：シャーロットとヴァレグロと）はFEIの馬場馬術とパラ馬場馬術のディレクターであった（執筆時）。審判を30年以上も務め、そのうち15年は国際審判を務めた。また、ノルウェー馬術連盟の理事に就任し、2009年にFEIに移るまで6年間副会長を務めた。

　時には人生で、すべてが完璧であるという気持ちを味わえることがあります。ヴァレグロとシャーロットがアリーナ内で踊っているのを見て、私はそれを感じています。私はFEIの一関係者として、このコンビを馬場馬術の原則と目的の完璧な一例と見なしています。馬場馬術の目的は調和のとれた調教によって馬を幸あるアスリートに育て上げ、このアスリートと調和を醸し出すことにあります。

　ヴァレグロは馬場馬術を未だかつてないレベルにまで高めました。3つの世界記録を持っていることが、もちろんその証ですが、私にとってはカリスマ性を持って世界のスターになった事実もその証の一つなのです。彼は観衆をひきつけ、喝采を浴びることを明らかに喜んでいます。彼は本当に本番に強いのです。

　私たちは若い世代を馬場馬術にひきつける重要性について考えています。シャーロットのサインをもらおうと並んでいる女の子たちの長い列はとても印象的です。私は、この光景こそがヴァレグロとシャーロットがこのスポーツにもたらした良い影響だと思っています。

　彼らを審査し、見事に値する10点を与えることは、審判としての夢です。今現在の記録は95パーセントです。100パーセントに到達する前に、まだまだたくさんの新記録が生まれるでしょう。

中上・中下：パーフェクト・クリスマス・プレゼントを配りに行く途中。

右下：最高のクリスマス馬術パーティーとなった表彰式のシャーロットとヴァレグロに付き添うアラン。

　オリンピアはおそらく最高のクリスマス馬術パーティーです。1年をこのような記録とスコアで終えられたのは、ヴァレグロとともに頑張り、愛してきたみんなにとって最高のクリスマスプレゼントとなりました。音楽は今まで以上に感動的で、ヴァレグロとフリースタイルを演じ終えたシャーロットは、涙をこらえるために唇を噛みしめなくてはいけませんでした。アリーナ外で待機しているアランに向かって、のほほんと歩いていくヴァレグロと、彼の首を抱きしめながら彼のファンに手を振るシャーロットに、観客はスタンディングオベーションを贈りました。

142 | ヴァレグロ 〜オリンピック金メダルホースの軌跡〜

左：2014年オリンピア。シャーロットとヴァレグロ自身のフリースタイルの記録をまた塗り替えた。

下：シャーロットのインタビュー。もう慣れたものだ。

これがヴァレグロが成し遂げたことで、さらに数カ月後のラスベガスでも同じことを達成しました。さらに次がありますか？なにも確かなことはありませんが、何かがあるという方に賭けても良いです。計画や予想について、私が何か言えますか？彼はすべての記録を更新し、すべてのチャンピオンタイトルをも保有しているのです。

オリンピックタイトルの攻防である2016年リオと、その1年前のヨーロッパ選手権のアーヘンがシャーロットとヴァレグロの次の目標です。ヴァレグロが楽しそうに競技している間は、競技させ続けてあげるつもりでいます。彼はファンに会うのが大好きで、彼に会った時のファンの顔は喩えようがありません。彼はシャーロットをライダーとして成功させました。おそらく最も記憶に残ることは、イギリスの馬場馬術を有名にし、馬とライダーの間で醸し出す調和を目指すイギリス式トレーニングを世界でもっとも賞賛される方法としたことでしょう。調和こそ、次世代のすべてのライダーが目指すものです。

彼のオーナーたち（私、ローリー・ルアードとアン・バーロット）、彼の面倒を見るすべての人たち（そして、特にアラン）、シャーロット、そして彼を知り、愛した人びとのすべての人生を変え、心に触れました。ヴァレグロ、私たちのブルーベリー、そしてプロフェッサー。君でいてくれて本当にありがとう。

中：ヴァレグロは放牧地で草をはむことがこの世で一番好き。

下：ヴァレグロが楽しそうに競技している間は、競技させ続けてあげるつもりでいる。

上：ヴァレグロはシャーロットをライダーとして成功たらしめました。

下：ヴァレグロTシャツを着た若いファンと。大喜びする子どもたち。

続きはお楽しみに | 145

クレア・ヘスター（Claire Hester）は、カールがチャンネル諸島のサークにいたころからの長年の友人であり、婚姻による親族でもあり、現在はグロスタシャーのご近所さんでもある。ヴァレグロの一つ年下の全妹であり、同じ血統を持つことで、ヴァレグロの才能を未来へ繋げるウェイデフルーⅡ（Weidyfleur II）号を所有している。ヴァレグロと同様に、ウェイデフルーⅡはハンス夫妻によって生産された。当初、彼女は売りに出されていなかったが、またヴァレグロと同様にヘルトヤン・ファン・オルストに売られ、そこからカールに渡り、カールから馬場馬の繁殖事業を始めたクレアに売却された。

ウェイデフルーⅡは自宅ではマーレイと呼ばれています。とても可愛い牝馬です。私はヴァレグロが有名になる前に、この馬を購入することができてラッキーでした。私はこの馬が愛しくてたまりません。もちろん彼女の仔馬も熱愛しています。彼女は一度も乗馬になったことがなく、繁殖牝馬として暮らしています。ウェイデフルーはオランダで初めての検査を行い、PROKプリディケートのグレード認定を受けています。PROKプリディケートはスタッドブックの定める放射線学的スコアが高く、彼女が血統的に繁殖にもっとも適していることを示しています。ウェイデフルーはトップライン、首の付き方、頭の形や付き方、そしてパワフルな後躯などがヴァレグロとそっくりです。また、脚の構造も似ています。この馬は、骨太で大きい仔馬を産みます。

ユージーニアス（家ではダグラスと呼ばれ、最初はユーフォリアという名前で登録されました）が、私のところで生まれた最初の仔馬です。父馬はユートピアです。ヴァレグロとユートピアがオリンピックでのチームメイトになるということを知る前の2011年に生まれています。彼は、醜いアヒルの子のようで、若いころの彼はヴァレグロと同じように、多くの人の目に留まりませんでした。彼にはしっかりとした栄養とベストなケアを与えられるよう、手元でひっそりと育て、そして、放牧地でとてもリラックスして幸せな幼少期を過ごさせてあげました。今は4歳で（執筆時）美しく成長しました。ヴァレグロとユートピアの両方に似た性質を持ち、ハンサムでバランスの取れた馬に成長しました。とても良い、真面目で、賢い頭脳と、素晴らしいパワー、見事な動き、そして否定できない存在感を放っています。

イギリスで最高の血統を作り上げるために、彼は牡馬のままにしておくつもりです。今のところ、いい感じで

す。彼は春の気配に邪魔されず、トレーニングに集中し、パワーをコントロールできるようです。私は彼を4歳馬クラスにエントリーさせていません。彼自身のペースで成熟させてあげたいのと、まだ「思春期」の彼と牝馬を同じアリーナ内で鉢合わせさせたくなかったからです。また、彼が、手に負えないほどの牡馬であった場合に備えて、早めに、彼がまだ2歳半の時に牡馬所（種牡馬の精液採取、人工授精、自然交配などを行う）に送り、精液を採取し冷凍保存してあります。今シーズン、彼はとても良い牝馬に種付けする予定で、来年には、ヴァレグロとユートピアの3代目が生まれることを願っています。私はユージーニアスをしばらく手放すつもりはなく、彼が父馬や叔父馬をしのぐほどの馬になることを祈っています。

ウェイデフルーⅡはさらに3頭の仔馬を産んでいます。ロード・レザーデール（Lord Leatherdale）号との女の仔、ついでディマジオ（Dimaggio）号との男の仔、そして2015年5月5日にユートピアとの胚移植で生まれた女の仔です。この仔はユージーニアスの全妹で、この仔によって、「オリンピック」の系統が、重要な牝馬の系統でも維持できることになりました。みんなゴージャスで、良い感じに成長していっています。これまでと同様に、みなさまの前に初めて披露する準備が整う時まで、手元で静かに育てています。これらの血統が継続していることに、ワクワクしています。

ユージーニアスは大きかったので、2歳半で鞍付け調教を行いました。最初に牡馬所に送る時に扱いやすくなると考えたからです。ウェスト・キングトン・スタッドのテッサ・クラーク（Tessa Clarke）は、こんな幼い子に「行為」をさせるのはどうかと懐疑的でしたが、彼が到着した翌日に私に電話をかけて、どれほど彼を気に入ったか、そして彼がどんなに簡単にすべてをこなしたか教えてくれました。牡馬所に到着した時、彼はチリ・モーニング（Chilli Morning）号（2014年の世界馬術選手権大会でウイリアム・フォックス＝ピットと団体銀メダルと個人銅メダルを獲得した総合馬術の牡馬。2015年には牡馬として初めてバドミントン大会で優勝している）の隣の馬房でした。馬房から首を伸ばしあう2頭を見て私たちは笑いを隠せませんでした。まるでチリが牡馬としての秘訣でも伝授しているかのように見えました。ユージーニアスが4歳になった今、再び鞍付け調教を行い、私の厩舎で時間をかけて、ゆっくりと調教を進めています。ロングレーンや、体幹を鍛えるためにたくさんのトランジションなどを行い、彼のパワーが彼の成熟度を追い越さないように

上：ヴァレグロの妹、ウェイデフルーIIと、仔馬のユージーニアス。

中下：クレア・ヘスターとヴァレグロの甥にあたるインテグロ（Integro）号（左）とインコグニート（Incognito）号。2頭とも彼女が繁殖した。

右下：ユージーニアスに騎乗するエイミー・ウッドヘッド。

気を付けています。カールの期待の星エイミー・ウッドヘッド（Amy Woodhead）が私のために乗ってくれています。そしてカールは次の段階から調教を引き継ぐことに意欲的です。何と言ってもユージーニアスは、彼のオリンピックスターホース2頭の子孫なのですから。そしてカールは、この馬が、彼がグランプリレベルまで連れていく最後の馬だと言っています。それは、この特別な物語にふさわしいエンディングだと思いませんか。

続きはお楽しみに | 147

148 | ヴァレグロ ～オリンピック金メダルホースの軌跡～

イギリス式のトレーニング方法をデモンストレーションする。
すべては調和が一番大事。

カール、シャーロットとヴァレグロ。「これは素晴らしいストーリーです。この物語を目撃することができて光栄でした」（イザベル・ワース）

続きはお楽しみに | 149

金メダル！さらなる勝利を称えるカールとチーム。
2014年カーン世界馬術選手権大会にて。

ヴァレグロの主な戦績

国際大会

2011年	ロッテルダム ヨーロッパ馬術選手権	団体金メダル
2012年	ロンドンオリンピック	団体金メダル
		個人金メダル
2013年	ヘアニング ヨーロッパ馬術選手権	団体銅メダル
		個人金メダル（グランプリスペシャルおよびフリースタイル）
2014年	リヨンFEIワールドカップファイナル	FEIワールドカップ
2014年	ノルマンディー（カーン）世界馬術選手権	団体銀メダル
		個人金メダル（グランプリスペシャルおよびフリースタイル）
2015年	ラスベガスFEIワールドカップファイナル	FEIワールドカップ
2015年	アーヘン ヨーロッパ馬術選手権	団体銀メダル
		個人金メダル（グランプリスペシャルおよびフリースタイル）
2016年	リデジャネイロオリンピック	団体銀メダル
		個人金メダル

その他の国際表彰

2013年2月　KWPN ホース・オブ・ザ・イヤー受賞

国内大会

日付	クラス	騎乗者
2006年7月	バドミントン・ヤング・ドレッサージュ・ホース・オブ・ザ・フューチャー	ルーシー・カートライト
2006年9月	シアウォーター4歳馬チャンピオン	カール・ヘスター
2007年7月	バドミントン・ヤング・ドレッサージュ・ホース・オブ・ザ・フューチャー	カール・ヘスター
2007年9月	シアウォーター5歳馬チャンピオン	シャーロット・デュジャルダン
2007年9月	ノービス（準初級）チャンピオン	シャーロット・デュジャルダン
2008年4月	冬季エレメンタリー（初級）チャンピオン	シャーロット・デュジャルダン
2008年9月	シアウォーター6歳馬チャンピオン	シャーロット・デュジャルダン
2008年9月	エレメンタリー（初級）＆ミディアム（中級）チャンピオン	シャーロット・デュジャルダン
2009年4月	冬季アドバンスド・ミディアム（準上級）チャンピオン	シャーロット・デュジャルダン
2010年9月	セントジョージ賞典＆インターメディエイトI チャンピオン	シャーロット・デュジャルダン

FEI（国際馬術連盟）競技会記録

日付（開始日）	大会名	競技	課目	順位	スコア(%)
2011年3月19日	ヴィドーバン	CDI3*	GP	1	73.723
2011年3月25日	ヴィドーバン	CDI3*	GPS	1	74.667
2011年3月27日	ヴィドーバン	CDI3*	GP	1	73.396
2011年4月11日	ソミュール	CDI3*	GP	2	73.34
2011年4月30日	ソミュール	CDI3*	GPS	1	73.854
2011年6月24日	フリッツェンス	CDI4*	GP	1	77.979
2011年6月26日	フリッツェンス	CDI4*	GPS	2	76.292
2011年7月30日	ヒックステッド	CDI5*	GP	3	78.255
2011年7月31日	ヒックステッド	CDI5*	GPS	1	76.604
2011年8月17日	ロッテルダム	CH-EU	最終順位	6	
2011年8月18日	ロッテルダム	CH-EU	GP	4	78.83
2011年8月20日	ロッテルダム	CH-EU	GPS	6	76.548
2011年8月21日	ロッテルダム	CH-EU	GP FS	9	79.357
2011年12月14日	ロンドン・オリンピア	CDI-W	GP	1	81.043
2011年12月15日	ロンドン・オリンピア	CDI-W	GP FS	2	83.7
2012年1月27日	ウェストパームビーチ	CDI4*	GP	2	78.468
2012年1月28日	ウェストパームビーチ	CDI4*	GP FS	2	83.65
2012年4月27日	ハーゲン	CDI4*	GP	1	81.426
2012年4月29日	ハーゲン	CDI4*	GPS	1	88.022
2012年7月6日	ハーピュリー	CDI3*	GP	1	81.66
2012年7月7日	ハーピュリー	CDI3*	GP FS	1	90.65
2012年8月2日	ロンドン	オリンピック	最終順位	1	
2012年8月3日	ロンドン	オリンピック	GP	1	83.663
2012年8月7日	ロンドン	オリンピック	GPS	1	83.286
2012年8月9日	ロンドン	オリンピック	GP FS	1	90.089
2012年12月17日	ロンドン・オリンピア	CDI-W	GP	1	84.447
2012年12月18日	ロンドン・オリンピア	CDI-W	GP FS	1	87.975
2013年6月20日	ロッテルダム	CDIO5*	GP	1	82.191
2013年6月22日	ロッテルダム	CDIO5*	GP FS	1	87.425
2013年8月2日	ヒックステッド	CDIO3*	GP	1	81.66
2013年8月4日	ヒックステッド	CDIO3*	GPS I	1	85
2013年8月19日	ヘアニング	CH-EU-D	最終順位	1	
2013年8月22日	ヘアニング	CH-EU-D	GP	1	85.942

日付（開始日）	大会名	競技	課目	順位	スコア（%）
2013年8月23日	ヘアニング	CH-EU-D	GPS	1	85.699
2013年8月24日	ヘアニング	CH-EU-D	GP FS	1	91.25
2013年12月16日	ロンドン・オリンピア	CDI-W	GP	1	84.851
2013年12月17日	ロンドン・オリンピア	CDI-W	GP FS	1	93.975
2014年1月24日	アムステルダム	CDI-W	GP	1	85.82
2014年1月25日	アムステルダム	CDI-W	GP FS	1	91.275
2014年4月19日	リヨン	CDI-W Final	GP	1	87.129
2014年4月20日	リヨン	CDI-W Final	GP FS	1	92.179
2014年7月17日	アーヘン	CDIO5*	GP	6	76.9
2014年7月19日	アーヘン	CDIO5*	GPS	2	83.157
2014年7月20日	アーヘン	CDIO5*	GP FS	1	87.9
2014年8月24日	カーン	WEG	最終順位	1	
2014年8月26日	カーン	WEG	団体競技（予選通過）	1	85.271
2014年8月27日	カーン	WEG	GPS	1	86.12
2014年8月29日	カーン	WEG	GP FS	1	92.161
2014年12月16日	ロンドン・オリンピア	CDI-W	GP	1	87.46
2014年12月17日	ロンドン・オリンピア	CDI-W	GP FS	1	94.3
2015年1月30日	アムステルダム	CDI-W	GP	1	86.14
2015年1月31日	アムステルダム	CDI-W	GP FS	1	93.9
2015年4月16日	ラスベガス	CDI-W Final	GP	1	85.414
2015年4月17日	ラスベガス	CDI-W Final	GP FS	1	94.196
2015年7月10日	ハーピュリー	CDI3*	GP	1	85.44
2015年7月12日	ハーピュリー	CDI3*	GPS	1	87.765
2015年8月12日	アーヘン	CH-EU-D	最終順位	1	
2015年8月13日	アーヘン	CH-EU-D	GP	1	83.029
2015年8月15日	アーヘン	CH-EU-D	GPS	1	87.577
2015年8月16日	アーヘン	CH-EU-D	GP FS	1	89.054
2016年7月8日	ハーピュリー	CDI3*	GP	1	83.28
2016年7月9日	ハーピュリー	CDI3*	GP FS	1	90.625
2016年8月9日	リオデジャネイロ	オリンピック	最終順位	1	
2016年8月10日	リオデジャネイロ	オリンピック	GP	1	85.071
2016年8月12日	リオデジャネイロ	オリンピック	GPS	2	82.983
2016年8月15日	リオデジャネイロ	オリンピック	GP FS	1	93.857

凡例

CDI：馬場馬術の国際競技　CH-EU：ヨーロッパ馬術選手権　GP：グランプリ

GP FS：グランプリフリースタイル（グランプリキュア）GPS：グランプリスペシャル　WEG：世界馬術選手権

掲載写真クレジット

下記に記載の写真を除きすべてジョン・ストラウド（Jon Stroud）による撮影。

Carol Allison：76 ページ下
Sarah Armstrong：132 ページ
Artemis/Tim Ireland：8 ページ
Birmingham, Coventry and Midlands Photo Sales：73 ページ
Leslie Bliss Photography：111 ページ
Mary Adelaide Brakenridge/PSdressage.com：54 ページ下
Arnd Bronkhorst：17 ページ・18 ページ上左・18-19 ページ見開き・19 ページ・20 ページ上・
　　　　　　　22-23 ページ見開き・24 ページ上・60-61 ページ見開き・87 ページ・140 ページ
Dirk Caremans：4-5 ページ見開き・6-7 ページ見開き・14 ページ・15 ページ下・16 ページすべて・
　　　　　　　18 ページ下左・20 ページ下・24-25 ページ見開き・34-35 ページ見開き・
　　　　　　　52-53 ページ見開き・53 ページ下・　56-57 ページ見開き
Jennifer Cnockaert：56 ページ
Joanna Dawson：41 ページ
DigiShots：29 ページ下・45 ページ右
dldressage. com：38 ページ
© eurodressage.com：15 ページ上・72 ページ・108 ページ上・148 ページ
Karin de Haan：30 ページ下
Joop and Maartje Hanse：28-29 ページ見開き・31 ページ中・31 ページ下・33 ページ・35 ページ上・下
Claire Hester：76-77 見開き上・77 ページ下右・112 ページすべて
Julia Hornig, Classic Dressage/Kevin Sparrow：145 ページ下
Horse & Country TV：75 ページ下
Tom Hunt：91 ページ右
Leanjo de Koster：135 ページ下・136-137 ページ見開き
KWPN：28 ページ下
Bob Langrish：64 ページ・65 ページ
Krister Lindh：42 ページ
Jacob Melissen：31 ページ上左
David Puttock：147 ページ下左
Selene Scarsi：54-55 ページ見開き
Barbara Schnell：149 ページ
Kevin Sparrow：26-27 ページ見開き・36-37 ページ見開き・38-39 ページ見開き・42-43 ページ見開き・
　　　　　　　43 ページ下左右・45 ページ下左・62 ページ
© http:// timeincukcontent.com：147 ページ
Van Olst Horses：30 ページ
Franz Venhaus：53 ページ右

自宅でのヴァレグロ。カールの家横の放牧地で。

訳者あとがき

　私も馬に乗るのですが、あいにくと運動神経には恵まれておらず、下手の横好き。全然うまく乗れないにもかかわらず、愛馬2頭の世話をいそいそとする日々を過ごしています。競技の中で特に好きなものはクロスカントリー。そして、障害飛越。馬場馬術はどちらかと言えば苦手な方でした。そのため、あまり馬場馬術には関心がなかった私が、どうして、カールの、そしてヴァレグロとシャーロットの虜になったのか。

　2011年のことです。もちろん、すでにカール、ヴァレグロとシャーロットの名前は、馬術誌を賑わし、ロンドンオリンピックでのメダル獲得の可能性もちらほらささやかれていました。そんな年の11月、私はスペイン乗馬学校のロンドン公演を見に出かけました。その前座にカールがニップタック号でデモを行ったのです。その時のデモの内容の技術的なことはもう覚えていませんが、カールが、ニップタックに跨り、終始ニコニコしながら、この馬はすごいんだ。こういうことができるんだ。こういう風にすれば楽にできるんだ。と説明しながら、1歩毎の踏歩変換を、本当に馬とダンスするように披露したときに、「この人はなんて楽しそうに馬に乗るんだ！」とファンになってしまいました。そして、何よりも印象に残ったのが、馬もニコニコしながら演技していたことです。ヴァレグロじゃありませんが、ニップタックも、「見てみて！」と自慢げに演技していました。カールがトレーニングした馬はみんなそうなのです。その日から、馬場馬術、もちろんイギリスチームの応援をしはじめました。

　迎えた2012年のロンドンオリンピック。先に総合や障害飛越競技で、イギリスチームは団体で金メダルや銀メダルを獲得していましたが、馬場も団体金を獲得。そして馬術競技最終日の馬場の個人フリースタイル。イギリス中の馬場馬術愛好家がテレビに食いついていたのではないかと思います。私もその一人。しかも、ヴァレグロとシャーロットが最終演者。いやがおうにも盛り上がります。そして結果は金メダル！みんな、すごいすごいの連発でした。一躍、イギリスのお茶の間のアイドルとなったシャーロットとヴァレグロ、そしてカール。本書は2015年で終わっていますが、シャーロットとヴァレグロは、2016年リオオリンピックでも、個人金メダルを獲得、団体では銀メダルを獲得します。そして、2016年12月のオリンピアホースショーで、世界の頂点に立ったまま惜しまれながら競技を引退します。その後のイン

タビューでカールは、シャーロットが続行を選んでも、引退を選んでも支持する予定だったと言います。カール自身としては、若くしてグランプリレベルに達したヴァレグロには、もう充分と思っていたと語っています。また、二人の共通見解として、常に1位だったヴァレグロが2位になっただけで、衰えたと言われてしまうのは忍びないため、引退を決心したとも言っています。東京オリンピックでヴァレグロを観たかったのですが、たしかに、もう充分だったかもしれません。涙無しでは観られない、ヴァレグロ引退式の様子は、TVで生中継され、DVDにもなりました。そんな馬が他にいるでしょうか。

　シャーロットはカールのことをふざけて「グランパ（＝おじいちゃん）」と呼び、カールが経路を間違えてしまった課目の後の取材で、「グランパはすこしボケちゃってねー」とシャーロットが言えば、シャーロットが3歩毎の踏歩変換がうまくできなかった課目の後では「シャーロットは、まだ数が数えられなくてね」と応じるカール。まるで親子かと思うぐらいの冗談を交え、仲良く和やかで、楽しくインタビューに応じる様は観る人の好感を誘います。その根底にあるのは、お互いを尊重し合い、一緒にトレーニングしてきた、仲間としての信頼関係であることはだれの目にも明らかです。

　この本では、技術的な内容には、ほとんど触れられていません。ただ、ヨーロッパ選手権やオリンピックという大舞台への道のりを、たくさんの写真とともに紹介している本です。写真集と言ってもよいかもしれません。今回、シャーロットからのメッセージがありませんが、この本は、カールが、シャーロットとヴァレグロのために書いたような本です。この素晴らしい馬の存在、カールという屈指のトレーナー、そして、世紀のゴールデンガール、シャーロット、イギリスの馬場馬術について、もっと知ってもらいたい、東京オリンピックで、カールとシャーロットを応援してもらいたいと思い、この本の翻訳に挑みました。ファンブックです。皆さまも、この本を読んで、カールとヴァレグロ、そしてシャーロットのファンになってくださることを祈っています。

　このプロジェクトについてきっかけをくださり、さらに応援してくださったコルザホースクラブの塚本めぐみさん、エクイネットの亀井伸明さん、編集の野村さん、そして家族のみんなにこの場を借りて深く御礼申し上げます。

2018年12月
千本木倫子
イギリス・ケンブリッジにて

ヴァレグロとお話しするアラン：「彼は聞き上手で、いつも私を笑顔にしてくれるのです。」

Valegro: Champion Horse by Carl Hester
Copyright © Valegro Blueberry Limited and Third Millennium,
an imprint of Profile Books Ltd, 2015
Japanese translation rights arranged with Valegro Blueberry Limited
c/o Andrew Nurnberg Associates International Ltd, London
through Tuttle-Mori Agency, Inc., Tokyo

ヴァレグロ ～オリンピック金メダルホースの軌跡～
平成31年1月17日　第1刷発行

著者：カール・ヘスター
翻訳：千本木倫子

発行人：亀井伸明
発行：株式会社エクイネット
〒176-0001 東京都練馬区練馬1-20-8 日建練馬ビル2階
電話：03-6821-1966
メール：info@equinet.co.jp

発売：株式会社メディアパル
〒162-0813 東京都新宿区東五軒町6-21
電話：03-5261-1171

印刷所：株式会社シナノ
企画：塚本めぐみ
編集：野村敦
デザイン・組版：榊原慎也

©2019 EQUINET Co., Ltd
Printed in Japan
ISBN978-4-8021-3137-7 C0075

落丁・乱丁のある場合は当社にご連絡願います。良本とお取替え致します。
本書の複製、デジタル化を無断ですることは著作権法上での例外を除き著作権の侵害となります。
定価はカバーに表示してあります。